CW01636749

Faire parler les morts

Ouvrage illustré par Cazals

Stéphan Huynh-Tan

VERLAINE
Faire parler les morts

Éditions La Bibliothèque
9, rue du Docteur-Heulin
Paris

Avis de l'éditeur

C'est un défilé, un véritable cortège. Une quarantaine de poètes, de critiques, de peintres, de familiers viennent à la barre nous parler de Verlaine. Ils disent une vérité — au moins la leur —, se répondent, s'apostrophent autour du Pauvre Lélian. Chacun, connu ou non, précis et dessiné comme un médaillon apporte avec lui dans les embruns d'une époque — sursauts de la Commune, querelles d'Écoles, vigueur des polémiques, acidité du goupillon — un profil, une attitude, un vœu, une étoffe et reconstitue le puzzle d'un homme, poète ô combien aimé, ô combien insaisissable à force de simplicité.

Faire parler les morts, *sous-titre de ce Verlaine, est un drôle de caillou jeté dans la mare de la critique. Cette petite académie verlainienne a une musique bizarre, un boitillement de mètre impair : c'est qu'elle est fausse, ou pour mieux dire, c'est un pastiche réalisé tous azimuts. Chacun des quarante parle avec son timbre, ses histoires, mais d'une voix sourcilleusement feinte. Le faussaire, c'est la règle, est extrêmement renseigné. Bibi-la-Purée, Albalat, Allais, Bloy, Baju, Degas, Fort, se succèdent et dans le reflux de cette théorie, se façonne un Paul Verlaine vivant. Ni biographe, ni critique, Stéphan Huynh-Tan emprunte une autre voie. Du faux et de son bon usage.*

Antoine Albalat

Critique

J'ai dit et je répète que les dernières années de Verlaine me désolent. Bibi-Purée, mesdames Krantz ou Boudin : trouvez-vous que ce soit une compagnie pour un écrivain de sa taille ? Qu'on pense ce qu'on voudra du personnage et de l'œuvre de Rimbaud (et je n'en pense pas tant de bien), les *Romances sans paroles* n'ont-elles pas une autre allure que, tenez, les *Invectives,* les *Dédicaces...* ? Il n'y a que l'embarras du choix dans la médiocrité avec le Verlaine de la fin. M. Delahaye nous a infligé un lourd, un très lourd devoir de khâgneux sur la prosodie du rossignol messin. Il y mélange le grand et le petit Verlaine, nous donne à lire des vers admirables et des alexandrins scolaires, il ne voit pas cette chose si simple : que Verlaine est un impressionniste. Il a besoin des objets, il a besoin des arbres, des nuages, des oiseaux, sans quoi il déraille très vite et M. Delahaye avec lui, M. Delahaye qui disserte le plus sérieusement du monde sur la philosophie verlainienne : le passage sur l'amitié (« l'amitié, c'est... l'amitié, c'est... l'amitié, c'est... », *Verlaine*, éditions Albert Messein, p. 488) est à pleurer, on n'en voudrait pas dans la revue des Jeunesses catholiques de la Loire-Inférieure.

Ernest Delahaye

Critique

Apparemment, M. Albalat n'apprécie pas la Loire-Inférieure. Il n'apprécie d'ailleurs pas grand-chose, M. Albalat. Jusques aux futurs normaliens qui ne trouvent pas grâce aux yeux de ce mandarin. Bibi-Purée, un braillard et un ivrogne ? L'affaire est entendue. Mais alors, que M. Albalat s'interroge : pourquoi notre ami préférait-il la société du clochard à celle de l'élite littéraire ? — c'est-à-dire, dans l'esprit de M. Albalat, les enseignants, les académiciens : je vous demande un peu : s'enticher d'un Bibi-Purée quand on pourrait bavarder de rimes riches et de lyres pauvres entre honnêtes gens. Pardon de me citer : « Certain soir que Verlaine, en proie aux pensées les plus moroses, était assis à la terrasse de quelque marchand de vins du boulevard Saint-Michel, un homme s'arrêta devant lui soudain... en ses doigts brilla une aiguille qu'il garnit de fil... puis il s'agenouilla, prit avec douceur le pan de pardessus qu'affligeait un notable accroc, et sans mot dire, tandis que le poète, surpris mais souriant, le regardait faire, il procéda méthodiquement, religieusement, à la confection d'une savante reprise. " Il n'est pas, dit-il en se relevant, admissible que je sache coudre et que l'habit d'un grand homme soit déshonoré !... " » Comment le rossignol messin[1] n'aurait-il pas été ému par ce trait, quand le pain quotidien lui était servi par des butors dans le genre de celui qui l'aborda un soir, au Procope, pour lui jeter : « Vous savez, vos vers ne me bluffent pas. — Moi non plus. »

Ainsi vécut Verlaine, dont le cœur innombrable fut saturé d'avanies.

Charles Cros

Poète

Notre bon Delahaye a mis dans le mille. « Moi non plus », voilà Verlaine ! Aucun poète ne fut plus désireux de servir les livres d'autrui, ni plus réticent à promouvoir les siens. Comme il nous a bassinés, avec Rimbaud : « Je vous annonce la venue d'un poète qui vous épatera et nous enfoncera tous. » Nous écoutions ses prophéties, incrédules ou agacés, les moins perspicaces le prenaient à la bonne franquette, ajoutant *in petto* que son « nous » ne valait que pour lui. Maintenant qu'ils sont morts tous les deux, va-t-on se dépêtrer des querelles d'exégètes, mettre un terme à la distribution des bulletins scolaires ? Rimbaud est plus grand que Verlaine, déclare celui-ci en exhibant son double décimètre : il s'en faut de trois pouces et demi. Le plus souvent on se sert de la balance de l'épicier. Tant de kilogrammes de glose sur Rimbaud, et tant sur Verlaine, l'affaire est conclue...

Paul Claudel

Poète

Ah là là ! Peu d'amour dans le monde, encore moins chez nous autres gens de plume. Quoi d'étonnant s'il a échoué vers ses deux... comment dites-vous ? pouffiasses ? C'est rigolo, ça, pouffiasses... On aime où on peut. Un extrait d'une lettre de la femme Krantz à son concubin : « Je t'aime bien même beaucoup voisie pourquoi je te gronde souvans, car je vouderais que tu sois ce barde que toutes l'hunivers ademire et savoure... » L'employé et sa bourgeoise, le poète et sa putain : c'est le même couplet. Que le mâle travaille et qu'il rapporte des sous. Rien à redire.

Le grand Charles Cros se fourvoie lorsqu'il déplore le silence des cuistres. On n'a pas eu droit à un *Langage lyrique verlainien et son apport à la poésie moderne,* ni à *Influence des petits romantiques sur les tropes du premier Verlaine* : qui ça prive-t-il ? J'irai jusqu'à demander une loi : qu'on interdise aux non-poètes de déblatérer sur la poésie. Le verbiage qui étouffe Rimbaud et tant d'autres n'aurait plus droit de cité : comme on respirerait mieux !

Léon Bloy

Polémiste

L'éponge imbibée de fiel — matin, midi et soir : tel est le triquotidien dessert que ne se fait jamais faute de nous présenter la congrégation de goujats et gâte-sauce très pertinemment dénommée République des Lettres. Un de ses plus dignes sénateurs, M. Claudel, ose invoquer la Gueuse à propos du nom sacré de Verlaine. La misère, un sacrement ? Je parle hébreu à M. Claudel, bourgeois, catholique et poète. Deux au moins de ses trois titres devraient lui valoir la croix, j'entends, celle de la Légion d'honneur (comme on parlait de lieux d'honneur au XVIIe siècle). Je le supplie d'asseoir son postérieur de diplomate en attente d'Académie ailleurs que sur la dépouille du Pauvre Lélian. Qu'il déverse donc ses flatulences intellectuelles sur un de ses semblables. Oraison funèbre du très grand et très saint Edouard Drumont, par M. Paul Claudel, des inscriptions et belles-lettres de Cochon-sur-Fère : voilà de quoi refiler le frisson à nos bien-pensants, peu exigeants en matière d'extase.

Je rabâche, oui, mais je rabâche la vérité. La République au pilori. Cette marâtre laisse succomber les plus méritoires de ses fils. Le Moyen Age eût fait de Verlaine un ministre ou un prélat. Dans le monde chrétien, le Pauvre avait sa place, même si elle s'avérait moins enviable que ne l'ont décrite les théologiens : est-ce la faute du Livre si les fidèles n'appliquent pas ses préceptes ? Dans le monde moderne, le Pauvre est devenu un inutile et un coupable. Le communisme, tel que les théoriciens germaniques l'élaborent, reste la tentative la plus cohérente de société athée : vous verrez que le parasitisme social y sera considéré comme un délit.

André Suarès

Critique

Qui bâillonnera enfin ce radoteur ? Radoteur et ignare : Vigny avait déjà montré dans *Stello* que, n'importe le régime politique, le poète s'y sentait toujours mal à l'aise. Pourquoi charger la République des torts de la Société ? Et quoi d'étonnant si le neuf et l'original subissent l'affront du rejet ? S'indigner parce que Verlaine publie les *Romances sans paroles* à compte d'auteur, c'est commettre un contresens. La soupente mal chauffée, les subsides que l'on quémande en grognant aux éditeurs : j'en éprouve du chagrin, mais le monde ne nous a jamais servi d'autres plats.

Verlaine fragile, Verlaine souverain, Verlaine jeté à la débauche comme un enfant timide à une ogresse, Verlaine claudiquant sous l'averse dans ce quartier Saint-Séverin dont il était le bienfaisant génie... voilà que je vous débite mes vingt ans en « image d'un sou » :

De toutes les douleurs douces
Je compose mes magies !

Verlaine affalé à une table du café Vachette, et moi derrière la vitre malgré la pluie battante, est-ce qu'on se lasse d'un tel spectacle ? Un Titan dégringolé de l'Olympe, et la cohue des badauds qui ne fait pas seulement mine de s'en étonner :

quelle pâture pour l'adolescent provincial que j'étais ! « Bandit mandchourian » pour Moréas, « épave d'hôpital » pour Fargue, « Diogène sali » pour Jules Renard ; eh bien, je le jure, aucun minois de Parisienne ne m'a bouleversé comme son visage mangé de vieillesse (il n'avait pas 50 ans) sous l'éclairage criard de l'estaminet. Seul, abominablement seul... avoir tant de musique dans la tête et si peu d'auditoire pour en partager le trésor. A l'époque, j'étais aussi naïf que le sieur Bloy, tant d'injustice me faisait bouillir ; je le plaignais, lui, le plus exquis des poètes. Comme s'il ne convenait pas de payer au prix fort le droit d'écrire *Sagesse* (comme si les dettes et la clinique du docteur Duval n'étaient pas la rançon des *Fleurs du mal*). Aujourd'hui que je suis lucide (car vieillesse et clairvoyance ne s'excluent pas, malheureusement. « Est-il temps au moment qu'on va mourir d'apprendre comment on aurait dû vivre ? », demandait Jean-Jacques), j'ai envie de poser la question à tous les îlotes du Parnasse : lequel d'entre nous ne troquerait-il pas ses rentes et ses médailles pour le meublé à 50 francs, sans lumière et sans joie. Mais qu'on se penche à sa fenêtre et l'on apercevra l'étudiant désargenté et taciturne qui pioche à l'étalage d'un bouquiniste et met la main avec fébrilité sur notre livre, que les critiques avaient dépêché en quinze lignes ? Oui, si le sergent recruteur nous avait mis le marché en main : tu écriras comme Verlaine et tu finiras comme lui, combien d'entre nous auraient refusé leur signature ? Insensés que nous sommes, nous voulons rafler la mise aux deux tables. L'exemple du patriarche intarissable nous avertit ;

en dépit des lauriers sous lesquels on l'a enseveli, qui prêtera l'oreille à sa grosse caisse dans 20 ans ? Il est délicieux de se rappeler ce qu'en pensait Verlaine : « Il eût fallu que Victor Hugo meure vers 1844-1845, au lendemain des *Burgraves*... langue désagrégée, l'art non plus pour l'art, incommensurable, monstrueuse improvisation, bouts rimés pas variés, *ombre, sombre, ténèbres, funèbres,* facilité déplorable... » Et en voilà pour jamais, comme disait Pascal.

X...

Responsable des Jeunesses catholiques de la Loire-Inférieure

Avec effarement, je prends connaissance de la polémique lancée par M. Albalat. Et puisque, bien malgré nous, on nous a impliqués, j'y joindrai mon mot. Je saisis la balle au bond, là où M. Suarès l'a envoyée. Ça ne porte jamais bonheur d'insulter Hugo. Que M. Suarès soit un peu plus superstitieux ! Le vicomte de Lorgeril s'était permis d'incriminer la syntaxe de Hugo (« L'Assemblée refuse la parole à M. Hugo, parce qu'il ne parle pas français[2]. ») Ce noble député débitait lui-même de l'alexandrin : qui va encore y voir ? Je ne m'attarderai pas sur l'ânerie ci-dessous :

Avec impunité les Hugo font des vers

car je n'ai pas réussi à en retrouver le coupable (Baour-Lormian ?). Je vais m'en prendre à M. Leconte de Lisle, qui s'est écrié récemment : « Victor Hugo est bête comme l'Himalaya[3]. » Réplique de l'intéressé, qui va plus loin qu'il n'y paraît : « Leconte de Lisle est bête tout court. »

Leconte de Lisle = Hugo – l'Himalaya !

Une déduction à la M. Prudhomme : Hugo sans son génie, qu'en reste-t-il ? Pas grand-chose : très exactement, Leconte de Lisle. De l'exotisme de brocanteur, de l'antiquaillerie, de l'épopée au rabais.

On va me jeter dans les jambes Charles Baudelaire. Or celui-ci a dit, sur Hugo, tout et le contraire de tout. Que si vous tenez absolument au mépris de Baudelaire pour Hugo, comment le défendrez-vous de l'accusation d'hypocrisie ? Que faire de sa lettre au *Figaro* du 19 juin 1858, où il se défend avec véhémence d'avoir persiflé le grand aîné : « Le *Figaro* du 6 juin contient un article (*Les Hommes de demain*) où je lis : "Le sieur Baudelaire aurait dit en entendant le nom de l'auteur des *Contemplations* : — Hugo ! qui ça, Hugo ? Est-ce qu'on connaît ça, Hugo ?"

M. Victor Hugo est si haut placé qu'il n'a nullement besoin de l'admiration d'un tel ou d'un tel ; mais un propos qui, dans la bouche du premier venu, serait une preuve de stupidité devient une monstruosité impossible dans la mienne. »

On me murmure : où est passé Verlaine ? Je ne l'ai pas perdu de vue. Ce que je viens de rapporter de Baudelaire s'applique à lui pareillement. M. Suarès est tout content d'avoir déniché un extrait des *Mémoires d'un veuf* pour étoffer sa diatribe. Qu'il fouille davantage et son assurance disparaîtra :

Honneur du genre humain qui se lève à son nom.

Qu'ils gardent Ibsen ! Nous, c'était Hugo.

(*Epigrammes,* II, III)

Poète vrai comme le père Hugo...

(*Invectives,* XI)

La vérité est qu'il n'est guère commode pour une couvée de poètes de pousser à l'ombre d'un Hugo. En voilà un aïeul encombrant : s'il avait consenti à plus de discrétion, comme on l'aurait porté aux nues ! Ah, s'il avait bien voulu nous faire le coup du garni ! M. Suarès, vous ai-je compris ? Marc de Maillet ou Gilbert sont plus grands que le grand Victor, puisqu'ils sont morts dans la gêne. Mais non, M. Suarès ! La vie publique ou privée des écrivains n'a jamais permis de conclure sur la valeur de leurs livres. « Je ne crois pas au grand poète sans douleur, sans chute, sans péché et sans crime : car je ne crois pas à la grande poésie sans conscience[4]. » Sans péché et sans crime ? L'histoire de la littérature est assez variée pour fournir à M. Suarès autant d'arguments qu'à ses adversaires. Lacenaire ne craint personne dans le domaine de l'assassinat, ses strophes ne valent pas tripette. Il y a péril à laisser répandre l'idée que poésie et délinquance se tiennent la main. Ça n'est pas d'écumer les cabarets ou de braver les sergents de ville qui vous communiquera le sacré petit truc. Les jeunes gens ne sont que trop enclins à se figurer que l'art commence par l'excentricité à tout prix. Combien n'en voit-on pas de ces hâbleurs qui prétendent chausser les bottes de Villon ou de Baudelaire, simplement parce qu'ils se sont naturalisés citoyens de Bohème ! M. Mallarmé est à la fois grand poète et honnête homme. Grand poète, on ne le devient pas de son propre chef. Honnête homme, si. Soyez au moins honnête homme : c'est le modeste conseil qu'un directeur de conscience prend la liberté d'adresser à tous les débutants. Car enfin, que vous restera-t-il si, après tant d'esclandres et de provocations aux philistins, vous devez rejoindre la fosse commune de la littérature ?

Stéphane Mallarmé

Poète

Par vaine homélie inclus dans quel débat hors de nos intérêts, mais pressé des divers amis de livrer notre sentiment, nous exhorterons, pour plus de clarté :

— les uns, à mettre le holà au petit jeu des citations. Ne plus piller les auteurs, sous prétexte d'épingler à sa bannière tel nom prestigieux. Jeunesse trop présomptueuse, de prétendre par tapages s'emparer de la lyre ? Oui bien, et Baudelaire soi-même s'était exhalé en gémissements, à ce sujet : « Ces jeunes gens ne manquent certes pas de talent, mais que de folies ! que d'inexactitudes ! quelles exagérations ! Pour dire la vérité, ils me font une peur de chien. » (Lettre du 5 mars 1866 à Jules Troubat.) Or qui était visé par l'assassin soupir ? Paul Verlaine.

— les autres, partisans du grand défunt, à cesser de brandir son effigie comme une massue pour vider leurs querelles de littérateurs. Desservants d'un même culte, ne devrions-nous étouffer les vindictes à l'approche de l'autel, et particulièrement quand c'est la personne de Verlaine que l'on y honore ?

Nicolas-Auguste Verlaine

Capitaine du Génie, père de Verlaine

Un soldat, un obscur serviteur de la Patrie, venir témoigner après tant d'excellents esprits ? Messieurs, grand merci de l'honneur ! Et que j'en profite pour défendre ma cause. On a soutenu que j'avais été pour le petit Paul un père trop faible. Ce travers serait fréquent chez les militaires : trop de discipline à l'armée, pas assez au foyer. Après la caserne, ses règlements et ses coups de gueule, l'officier qui rentre chez lui n'a qu'une envie : se relâcher. Obtenir l'affection de ses proches, fût-ce au prix d'une indulgence aveugle et délétère. Les adjudants pète-sec font les oncles gâteaux. On avance d'autres noms de gradés, dont les principes d'éducation se résument à un « laissez-faire, laissez-passer » plein de risques pour la personnalité de l'enfant. Le capitaine Louis-Pierre de Vigny ne s'est guère occupé de son fils Alfred. Il est vrai que ce vétéran de la guerre de Sept Ans doublait la soixantaine quand son petit dernier entamait sa course. Le général Hugo et le capitaine Rimbaud furent pire qu'indifférents : absents. Et notre collègue Aupick ? Pas un mentor aimable, celui-là. Sa férule et ses grands airs de Caton ne lui ont été d'aucun secours : la morale n'en fut pas mieux lotie, son beau-fils l'a violentée aussi souvent que mon Paul. Vous voyez que ce n'est pas simple d'être le papa d'un poète. Nous autres culottes de

J'étais avec Fathma !
Fathma Fatma !

peau avons du loisir ; je l'emploie aux rêvasseries les plus creuses. Le métier des écrivains, voilà ce qui me triture la cervelle. Plus instructif encore : le métier de leur géniteur. Nous venons de jeter un coup d'œil sur la carrière des armes. Puisque la rigueur vous paraît de saine doctrine pédagogique, le ministère n'offre-t-il pas toute garantie ? Or, au pasteur Gryphius, on n'a pas épargné la disgrâce d'un rejeton poète. Et les pasteurs Luther et Gerhardt ont eux-mêmes mis la main à la plume. Mais foin de toute cette bocherie, je reviens à mon Paul. Le gamin a longtemps été un modèle de gentillesse et d'obéissance. Qui aurait pu prévoir ? Il aurait fallu lui interdire les camaraderies suspectes. On doit reconnaître que son péché fut le manque de caractère. Mon pauvre Paul a toujours eu ce côté féminin. Peut-être les censeurs ont-ils raison : nous l'avons trop choyé. Un peu plus de sévérité lui aurait rendu service, car je maintiens qu'il n'avait pas un atome de malice. Un de ses anciens régents du lycée Bonaparte, un nommé Perrens, a osé lui vomir ceci : « Je ne me serais jamais douté qu'il pût y avoir quelque chose dans cette tête hideuse qui faisait penser à un criminel abruti... » Encore un qui n'embarquera qu'en clandestin dans les wagons de la célébrité : je vous fiche mon billet que si l'on reparle de lui dans cent ans, ce sera à cause de cette seule sentence. Triste gloire des zoïles, contraints de japper aux basques des géants pour se faire une place dans la mémoire des hommes.

Albert Thibaudet

Critique

Joli lièvre que vient de lever monsieur Verlaine père ! Ce qui se mijote dans ces caboches de reîtres, le pékin en reste pantois. De la postérité et de sa justice distributive... Puisque nous en sommes là, voici deux phrases équivalentes :

1° « Je lis Tolstoï et ça m'emm... »

2° « Qui nous délivrera de Tolstoï ? »

Au ton bourru, on aura deviné que la première a été prononcée par Verlaine. La deuxième, nous la devons au vicomte Armand de Pontmartin. Un personnage pour lequel nous ne nous défendons pas d'éprouver une coupable fascination. Ce critique ne repliait pas son drapeau dans sa poche : « Si on compare Balzac à MM. Cousin, Guizot, Vignet, Vitet, Mignet, Villemain, Mérimée, il est impossible de l'appeler un grand écrivain. »

Dans la comédie littéraire, il incarne les devins malchanceux.

Ceux sur lesquels il a parié sont oubliés. Ceux qu'il a éreintés se portent comme le Pont-Neuf. Pontmartin : une boussole qui pointerait invariablement vers le sud. Qu'on se rassure, je vais revenir à mon point de départ. Les aléas de la postérité : soit deux personnes ayant la même opinion sur Léon Tolstoï. L'une s'appelle Paul Verlaine : on mettra sur le compte de son génie son aversion pour le romancier russe. On décortiquera sa psychologie : comment voulez-vous que deux artistes aussi différents s'apprécient, *etc.* L'autre, c'est Pontmartin, et là, on ne va pas s'embarrasser pour un si piètre sire, on se contentera d'invoquer sa sottise connue. (« On vous l'avait bien dit que c'était une mazette. »)

Pourtant, Verlaine ou Pontmartin, nous sommes d'accord qu'il est répréhensible d'accabler aussi sommairement Tolstoï : comme le déplorait le directeur des Jeunesses catholiques de la Loire-Inférieure, les jeunes gens sont si influençables !

Une question brûle les lèvres du lecteur : quelle était l'opinion de Pontmartin sur Verlaine ? Je l'ignore, mais j'imagine qu'il n'y aurait pas de surprise...

Mathilde Mauté de Fleurville

Ex-madame Paul Verlaine

« Il a passé la moitié de sa vie à faire le mal et l'autre moitié à se repentir. » A se repentir ? Maintenant que j'ai lu ses *Confessions,* j'en doute. Certes, il revient en arrière, il déplore, il se frappe la poitrine. Mais s'il demande pardon, c'est à ce frère en lui qu'il a empêché de s'épanouir, c'est à ce Verlaine vertueux et honorable que ses vices ne lui ont pas permis de devenir. Jamais un mot de regret pour ceux qu'il a meurtris, c'est à lui tout seul que va sa commisération : « Pauvre âme », « Pauvre Lélian », « Qu'as-tu fait, ô toi que voilà/Pleurant sans cesse... ».

J'ai été stupéfaite en découvrant ces lignes : « La malheureuse ne m'aura jamais compris de sa triste bourgeoise de vie. » Non vraiment, je ne l'ai pas compris ce soir du 4 novembre 1872, quand il a voulu mettre le feu à ma chevelure. Idiote que je suis, je me suis montrée rétive lorsqu'il me frappait et m'injuriait, ce qui était la messe de chaque jour à partir du moment où il a fréquenté le dénommé Rimbaud. J'abrège mon récit, par respect pour le lecteur à qui ces scènes épouvantables donneraient des haut-le-cœur. Envers sa sainte femme de mère, qu'il a failli étrangler à Rethel, il montre à peine plus de remords : « ... mon pauvre cœur d'enfant si pur alors et au fond, depuis... toutes les fois que je pense à ma mère, à mon pauvre cœur d'homme malheureux par ma faute. »

On aurait souhaité moins d'épanchements tardifs et plus de charité en temps opportun. On pense à ce brigand de la Creuse qui avait mandé un prêtre à son lit de mort : « Ah ! monsieur l'abbé. J'ai fait du mal à beaucoup de monde, mais jamais à personne autant qu'à moi. Je me demande pardon. C'est tout. »

Il a toujours préféré ceux qui le bousculaient à ceux qui l'aimaient. Aux petits soins avec Rimbaud, qui l'aurait éborgné rien que pour la plaisanterie (l'humour des Vilains Bonshommes !). Itou avec la femme Krantz qui le menait quasi à la trique. Elle avait dû flairer la bonne affaire depuis qu'elle en avait entendu parler comme d'un grand homme de lettres.

Je suis navrée de contredire à l'aveuglement dont bénéficient les disparus, mais j'en ai trop avalé pour lui effacer toute son ardoise, à celui-là.

Jean Carrère

Essayiste

Il y a du vrai, Madame. Il existe une face sombre de Verlaine qu'on aurait tort de voiler sous prétexte qu'écrire conférerait on ne sait quelle auréole. Lui-même en convenait. La pénitence lui venait par crises ; ne lui prit-il pas fantaisie, un jour, de m'empoigner et de me forcer à descendre avec lui la rue Soufflot en martelant : « Nous sommes des cochons ! Nous sommes des cochons ! » Si la mode l'avait toléré, sûr qu'il se serait plongé la tête dans le sac de cendres. Il ne faut pas mettre en doute sa sincérité. C'est ce jeu de bascule entre l'Ange et la Bête qui a intrigué ses admirateurs, Fargue, Suarès ou Claudel. On attribue à ce dernier l'aphorisme suivant : « Le saint prie avec sa prière, le pécheur prie avec son péché. » En Verlaine, les deux hommes ne faisaient qu'un et avaient échangé leur prière ; il arrivait au saint de se fourvoyer avec les gouapes et les roulures ; et le pécheur, lui, aurait voulu s'immiscer au banquet des disciples. Le jeu du portrait chinois : quels parents lui supposeriez-vous ? Sans hésiter, Gilles de Rais et Thérèse d'Avila. A quel héros de roman vous fait-il songer ?... à Lucien de Rubempré. Ce personnage a le don d'irriter les lecteurs masculins : malgré sa veulerie, les femmes lui cèdent sans rechigner. Verlaine n'était pas un joli cœur, mais lui aussi a été aimé. Mathilde a fait l'impossible pour se réconcilier avec lui. Sa mère l'a défendu jusqu'au bout malgré ses incartades. Humble auxiliaire du génie, figure admirable ! Je ne vais pas vous la décrire, on s'en est déjà chargé :

Femme je suis, pôvrette et ancienne...

(Villon, *Ballande pour prier Notre Dame*)

Vous étiez gaie, on dit très bien, comme un pinson ;
Vous étiez vive, on dit aussi, comme la poudre ;
Et votre voix, avec les éclats de la foudre,
Avait l'accent léger d'une jeune chanson.

(Germain Nouveau, *A Mme veuve Verlaine*)

Comme au grand homme d'Angoulême, les dévouements n'ont pas fait défaut à Verlaine. A ses détracteurs (et à ceux de Lucien !), il faut rétorquer : ce n'est pas le propre d'un médiocre que de susciter tant d'abnégation. D'un côté, Esther, Vautrin ou Lucile Chardon. De l'autre, la cousine Elisa et celles que j'ai nommées plus haut. Et même les carabins de Broussais, qui réunissent leurs économies pour le munir d'un habit et d'un haut-de-forme[5].

Je voudrais que lorsqu'on rédige la biographie d'un homme de sa trempe, on n'omette pas les libéralités qui lui ont permis d'éclore et de survivre. Je ne réclame pas une statue sous le porche principal ; quand même, le maître d'œuvre pourrait consacrer un chapiteau à ces anonymes qui n'ont pas démérité de la littérature.

Claudel a beau ironiser,

Les bons conseils ne lui manquent pas ; s'il meurt de faim,

c'est sa faute...

ses amis se sont mieux conduits que ceux de Job, et leur échec ne doit pas faire oublier leurs nobles efforts. Même des gens qui l'estimaient peu lui ont tendu la main. On ne se représente le milieu littéraire que sous l'espèce d'un nid de frelons. Des intrigues, des coups de dague, des combines... gare à ne pas s'y aventurer sans cuirasse. Verlaine a eu le don de faire vibrer les cordes généreuses — celle de Hugo entre autres : qui l'oblige à envoyer de l'argent à ce littérateur inconnu que les autorités belges viennent d'incarcérer pour une affaire scandaleuse ? C'est grâce à son intervention que le détenu Verlaine bénéficiera du régime de la pistole, à la prison des Petits-Carmes de Bruxelles.

Juste retour des choses, car ils ne sont pas si nombreux, les êtres comme lui incapables de haine. La simple antipathie lui coûte, il ne se sent pas de ressources pour l'entretenir, encore moins pour l'assouvir. Anatole France l'écarte du *Parnasse contemporain* ? Il n'en est pas moins « mon ami depuis longtemps et toujours resté tel bien affectueusement ». Leconte de Lisle s'étonne qu'on ne l'ait pas fourré au bagne ? Peut-on lui en vouloir : il s'agit d'un « grand et noble poète ». Impossible de lui soutirer des paroles de vengeance. Quelle leçon pour la critique ! Quel démenti aux spécialistes de l'entrefilet empoisonné ! Que l'exemple ne s'en perde pas. Si, tous, nous prenions à tâche de lui ressembler...

Germain Nouveau

Poète

Pourrières ! Si j'avais pu l'y conduire, lui « né l'enfant des grandes villes/Et des révoltes serviles... ». Et si nous avions mené à bien ce pèlerinage sur les traces de Benoît-Joseph Labre, là où rien ne se dresse entre le ciel et l'homme. On aurait avalé de la route, n'est-ce pas, comme deux braves chemineaux qui partagent le pain et le vin dans la clairière, et se soutiennent dans la longue marche à l'étoile. On aurait fait deux fiers apôtres, dans ce sacré pays de France tout plein de députés rad-soc et de septembriseurs en redingote. Au lieu du « Nous sommes des cochons ! », on aurait gueulé à s'en démolir les poumons, dans la montagne et la vallée : « Nous sommes des élus ! Nous sommes des élus ! » Il aurait fallu l'arracher aux miasmes de Babylone. Avez-vous remarqué combien, aux époques les plus niaisement matérialistes, prospère le mysticisme de pacotille ? Le Sâr Péladan, Francis Poictevin, Huysmans et son grand-guignol... on dirait que le bourgeois ne voit rien de mieux à se mettre sous la dent, comme nourritures spirituelles.

Lui avait la grâce. Comme Pascal : par éclairs seulement, qui le laissaient dévasté et reconnaissant. Ces aigles dont notre Sainte-Victoire n'est pas avare : sitôt apparus, sitôt enfuis, à peine si l'on a senti la caresse de leurs ailes, mais par la suite il n'y a plus moyen de les oublier. C'est ainsi qu'il se retrempait dans le vice avec insouciance, n'ignorant pas qu'au plus épais du cloaque il serait agrippé tôt ou tard et ravi vers les cimes. Vous vous remettez les vers de Claudel :

Une voix de femme ou d'enfant, ou d'un ange
qui appelait « Verlaine ! »
Dans la brume...

Si celui-ci en aura donné du fil à retordre, à son ange gardien ! avançant en zigzags sur la route de Jérusalem, faisant étape dans tous les bouges. Mais il peut bien vider carafes sur carafes en compagnie des luronnes, toujours il devra reprendre son bâton ferré : la petite voix le lui chuchote.

Où tout cela nous a-t-il menés ? Lui, à l'hôpital ; moi, à la maison des fous.

Edgar Degas

Peintre

Le mort vivait d'absinthe et craignait peu la honte
Ses vices étaient clairs, son talent incertain ;
Une ode de guinguette est son meilleur butin :
N'importe ! On lui devait, disent-ils, sa gamelle.
Pour leur compte, ils en font la demande formelle.

(Louis Veuillot, *les Satires*)

L'individu en question, nos amis Mallarmé et Forain l'avaient en haute estime. Et après ? Le premier, on le sait, n'a jamais dit de mal de personne. Et cette mansuétude n'était nullement politique. Hugo distribuait les compliments parce que son rôle de grand-père bonasse des lettres françaises le voulait ainsi. Nulle préoccupation de tactique mondaine chez Mallarmé ; simplement, sa grande âme le poussait toujours à détailler les qualités d'autrui et à en omettre les tares. D'où vient peut-être que sa critique est inférieure à sa poésie. Qui souscrirait aujourd'hui à ses pétitions pour Banville ou Jehan-Rictus ? Un grand poète n'est pas un juge infaillible. Baudelaire voyait en Pierre Dupont un « poète providentiel », « un de nos plus précieux », et Verlaine lui-même ne plaçait personne au-dessus d'Albert Glatigny.

Quant au petit Forain, son goût exagéré du pittoresque l'aveuglait. Il raffolait de Verlaine, et aussi de Rimbaud, autre quidam on ne peut plus recommandable — son divertissement favori : il vous demandait de fermer les yeux et de tendre les mains, alors, charmante surprise, il vous les lardait de coups de couteaux et prenait ses jambes à son cou en s'esclaffant. Nouveau, Rimbaud, Verlaine : quel trio. Le cinglé, le voyou et le poivrot. Envoyez-moi tout ça en Nouvelle-Calédonie, avec les pétroleuses et la racaille communarde. Ils y feront des retrouvailles ! Votre protégé n'était-il pas responsable du Bureau de la Presse dans l'administration des Rouges. Après quoi, on l'a entendu chanter la palinodie et se constituer le héraut des Lys et de l'Autel. Comprenne qui pourra. Moi, je suis d'avis qu'au-delà d'un certain volume de scandale sur la voie publique, les fautifs soient expédiés au cabanon. Ah, elle est rien chouette, la poésie d'aujourd'hui. Le Nouveau qui fait rimer les mots avec eux-mêmes :

Frère, ô doux mendiant qui chantes en plein vent,
Aime-toi, comme l'air du ciel aime le vent.

Le Rimbaud, je préfère ne pas vous en parler, le Verlaine,

... ce qu'il écrit, c'est des choses qu'on ne peut lire sans indignation,
Car elles ont treize pieds quelquefois et aucune signification...

Et Francis Jammes :

La route blanche qui va à Hagetmau...

un double hiatus, et avec la même voyelle, s'il vous plaît ! Et Laforgue que la phtisie a eu le bon sens d'emporter assez tôt. Et Corbière, balayé par le même mal : il faut croire que ça détériore les bronches de produire tous ces grincements.

Les plaisants troubadours, et comme leurs aubades font honneur à notre belle langue française.

Arthur Rimbaud

Marchand d'armes

De quoi ? Mon opinion ? Ma parole, on me prend pour un critique. Qu'ai-je à faire de votre mélasse ! L'homme qui vous parle est honorablement connu en Afrique orientale comme employé de la maison Mazeran, Viannay, Bardey et Cie. Le commerce des armes à feu et les causeries de précieuses sont choses incompatibles. Une seule confidence, à caractère professionnel : celui pour qui vous sollicitez mon témoignage, eh bien, il ne sait pas se servir d'un revolver. J'en ai fait l'expérience.

Verlaine intime

Eugène Descamps

Aumônier de la prison de Mons

Un amour de prisonnier, vraiment. Il a subi son expiation avec patience et douceur. D'après les collectionneurs d'images pieuses, il aurait conçu les poèmes de *Sagesse* en triant du café à la prison de Mons. Pourquoi pas ? Son patron Saül de Tarse s'était fait corroyeur pour éviter d'être à charge aux fidèles. La vie humble aux travaux ennuyeux et faciles n'a jamais entravé l'essor de l'esprit. Aux forts rien n'est affaiblissant. Un des nôtres disait : « Je fais ma vaisselle moi-même, mais avec des mains de cardinal. » En cellule, où la plupart descendent et accélèrent sur la pente de la déchéance, il a trouvé moyen de se relever. Savez-vous la cause ? Parce qu'il s'est découvert chrétien, c'est à savoir capable de retour sur soi. Le chrétien, n'est-ce pas celui que démange beaucoup plus la paille qu'il a dans l'œil que la poutre qui loge dans celui du voisin ? Il écrit dans *Mes Prisons* que l'attentat du 10 juillet 1873 aurait dû lui valoir l'échafaud. Je puis vous certifier que cet état d'esprit est peu répandu. J'ai entendu les scélérats les plus endurcis se lamenter sur l'énormité, non de leurs forfaits, mais de leur châtiment.

Mes propos ne corroborent pas ceux de Madame son ex-épouse. Elle n'a pas tort de dénoncer dans les *Confessions* de nombreuses lacunes. Deux choses, pourtant. Il faudrait être aveugle pour ne pas deviner presque à chaque page du livre, le sentiment profond qu'elle lui inspirait. O son accablement, le soir où Monsieur le Directeur lui a notifié que le tribunal de la Seine avait prononcé la séparation de corps — et vous n'ignorez pas que c'est l'origine de sa conversion. D'abord beaucoup d'amour ; ensuite beaucoup de haine ; donc aucun jour pour la lucidité. Deuxièmement, je ne crois pas que, parce qu'il observe le silence sur ses fautes, il n'en appréhende pas la hideur. Au contraire, tel qui bat sa coulpe à son de trompe sur la place du marché cherche peut-être à abuser son prochain. Le drame de Bruxelles, examinons le peu de place qu'il occupe dans son œuvre. Dans les *Poètes maudits,* au chapitre *Rimbaud,* un bel euphémisme : « Nous avons eu la chance de connaître Arthur Rimbaud. Aujourd'hui, des choses nous séparent de lui. » Des choses ! Un coup de feu à la cuisse, un autre en l'air, le tout sous le regard épouvanté de madame Verlaine la mère ! Des choses : son meilleur ami contraint de quémander en sanglotant la protection d'un pandore de service rue du Midi... n'appuyons pas. Dans *Mes prisons,* c'est sur le mode d'une piquante comédie « pelche » qu'il retrace l'incident. Désinvolture ? Pas mon avis. Il faut comprendre que des livres comme *Mes prisons* ou *Mes hôpitaux,* avec l'accent vériste, seraient insupportables. Alors n'a-t-il pas bien fait d'y laisser entendre sa petite musique ? C'est au rebours des *Fêtes galantes*, où au plus fort des réjouissances, l'orchestre rompait *l'allegro* avec de savantes fausses notes. Ici, la tristesse est tempérée par la vivacité et la bonhomie du ton.

Louvoyer ainsi du majeur en mineur, quel autre mélodiste y parviendrait ?

Hum ! ne suis-je pas en train de vaguer loin de mon presbytère ? Cordonnier, pas plus haut que la chaussure — me corneront les bons esprits de Paris. La poésie n'est pas interdite à la calotte : mon compatriote Guido Gezelle en administre la preuve avec une maestria que vous, les Francillons, vous finirez par reconnaître. A bon entendeur, salut.

Ambroise Vollard

Marchand de tableaux et éditeur

Je voudrais dire ce que Verlaine a représenté pour notre génération. « Notre génération », quand il est question de littérature, cela signifie : cette petite troupe d'étudiants, de rapins, de rêveurs morfondus dans quelque lointaine province, s'ignorant les uns les autres, mais poursuivant les mêmes idéaux. L'Art, la Beauté, la Poésie... on ne mégote pas sur les majuscules à cet âge. Je pourrais employer un terme plus martial : la relève. La relève avait le nom de Verlaine pour mot de passe. Il existe une intransigeance de la jeunesse qui lui tient lieu de discernement. Nous avons élu Verlaine contre d'autres, nous avons misé sur lui parce que nous haïssions Sully-Prudhomme et la vieillerie néo-classique, comme nos aïeux avaient joué Lamartine contre Marchangy ou Parny. Notre flair ne nous a pas égarés. Nous avons fait de Verlaine notre étendard, et l'étendard a tenu le coup. On ânonne aujourd'hui ses comptines dans les écoles, et l'ancien insurgé, venue l'heure de la récitation française, a rejoint la cohorte des écrivains pour manuels de littérature. Vous ne vous figurez pas la révolution que ç'a été, ses rythmes courts, son mètre impair, ses syncopes. Lui et Francis Jammes, qui s'y entendait comme pas un pour faire boiter le vers traditionnel, ont bousillé l'alexandrin de Grand-Papa ;

ils ont ouvert la voie au vers libre et aux dérèglements lyriques du XXe siècle. Les réactionnaires ne s'y sont pas trompés, ils les ont repus d'outrages. Rien là que de très normal : il faut bien que les arrière-gardes se défendent, elles se savent menacées de mort ! Un grand poète a toujours passé pour un barbare, à ses commencements. D'où la panique qu'il déclenche chez ceux qui ont la mission de surveiller le territoire : on ne doit pas fouler les pelouses, ni grimper aux érables. Comment voulez-vous qu'un gardien de square s'éprenne d'un chef de horde ? L'anodin convenable, voilà ce que prisent les critiques, c'est leur morceau favori, leur sot-l'y-laisse[6]. Ce qui est plus inattendu, ce sont les lazzi d'Edgar Degas. Ils m'ont fait de la peine. Presque mot à mot, il a repris les élucubrations d'Edmond de Goncourt (« Malédiction sur ce Verlaine, malédiction sur ce soûlard... »). Dans la bouche de Goncourt, le mal n'était pas grand : lui et son frère n'ont jamais été que deux imbéciles tortueux et acariâtres qui affichaient partout leur mépris pour la poésie et pour la musique. Mais Degas, c'est autre chose, même s'il y a toujours eu en lui du caporal scrogneugneu, du célibataire ronchon. Et l'autre, qui ne faisait rien pour arranger son cas, il faut dire ! avec ses cuites et sa dégaine de cour des miracles. C'est aussi pour cela que nous avions choisi de l'épauler : pour dissiper le malentendu.

Léon-Paul Fargue

Poète

Ses vers, avec un peu de bonne fortune, chacun aurait pu les inventer.

Va, chanson, à tire-d'aile,
Au devant d'elle...

O le frêle et frais murmure !
Cela gazouille et susurre...

Quoi donc se sent ?
L'avoine siffle.
Un buisson gifle
L'œil au passant.

J'aurais voulu écrire un livre intitulé : *Le Secret de Verlaine.* Mais le moyen, justement, de le percer ? Dire qu'il a fallu attendre Christophe Colomb pour faire tenir debout un œuf. Voilà : on vient de refermer les *Romances sans paroles* ou *Sagesse,* on s'accoude à sa table de travail, on se dit : c'est tout bête, il suffit de s'appliquer. Et puis, rien. Rien à faire ! Cette simplicité qu'on cherche à atteindre, lui seul l'a reçue en partage. Prenez l'omnibus sur la ligne Batignolles-Clichy-Saint-Lazare : deux voyageurs de commerce qui causent boutique, des employés, une petite vertu, que sais-je encore, tous ces braves gens, s'ils s'étaient voulus poètes, ils auraient fait du Verlaine. La vie est là, simple et tranquille, ne faut pour la capter qu'un cœur un peu attentif. *Le Cœur de Verlaine,* ça aussi, c'est un titre possible. Nous vivons une époque intelligente et positive, des messieurs qui en savent long et n'ont pas l'air d'entendre la plaisanterie le répètent sur tous les tons et en tous lieux, à la Sorbonne, à l'Institut, à Paris comme à Vienne : nous sommes dé-ter-mi-nés ! Nos plus fugaces impressions ont une origine — nos sourires et nos larmes n'échapperont pas à leur science. Surtout, ne prenez pas l'air dubitatif ou railleur, ou ils vous brandiront épais comme ça d'enquêtes et de mémoires. Si les cardinaux du Greco ont le crâne en pain de sucre, c'est que le peintre avait une coquetterie dans l'œil. Rousseau n'aurait jamais noirci du papier sans sa prostate. Le secret de tant de chefs-d'œuvre ? En règle générale, l'artiste a eu des problèmes avec sa maman. Ou bien c'est un arrière-grand-oncle qui avait de la tendresse pour la bouteille. Vous vous doutez si le casier judiciaire de Verlaine est rempli ; avec lui, la mise en carte devient un jeu d'enfants. Le plus balourd de ces amateurs d'âme possède le dossier par cœur : l'absinthe, la pédérastie, les mégères, la dèche... l'accusé n'en mène pas large devant des magistrats aussi renseignés. Et ils ne se privent pas de faire bénéficier le public de leurs recherches, dans une prose à couper au couteau.

A quoi bon ces filatures et ces interrogatoires, à quoi bon éplucher la biographie, les notes de blanchisseuses, les points et les virgules ; apprendrons-nous quelque chose en vous lisant ? Nous direz-vous pourquoi de deux apprentis, l'un deviendra Verlaine et l'autre Maurice Rollinat ?

Vos travaux excellent dans la prédiction rétrospective et la fiche de clinique. Or, les astigmates ne peignent pas tous comme le Greco, et il ne suffit pas d'aimer sa mère jusqu'à la jalousie pour faire concurrence à Stendhal ou à Proust. Je vais proférer un truisme : rien ne remplace la sympathie. Sans elle, pas de lecture fructueuse. On a peu de chance de faire de bonne critique quand on se croit plus malin que l'écrivain dont on parle. Aux entomologistes, aux fabricants de théorèmes, aux indics farfouillant dans les corbeilles à papier, celui-ci ne livrera pas le nombre d'or.

Acceptons l'aventure du livre, une fois qu'on aura largué les amarres et appareillé en compagnie de l'auteur, l'évidence nous sautera aux yeux : Verlaine fut avant tout un grand vivant, comme on l'a très bien dit. Le cœur de Verlaine ! J'en reviens là. Je sais : avec un mot pareil on risque le pathos ; mais je n'en ai pas d'autres — et lui non plus :

Il pleure dans mon cœur...

Et mon cœur, mon cœur trop sensible...

Vaincu risible de la loi,
Mouds tour à tour
Ton cœur, ta foi
Et ton amour !

Et si ces hémorragies vous indisposent, un « vieux Coppée » fera peut-être l'affaire :

Mon pauvre cœur bave à la quoi ! bave à la merde !

Gustave Le Rouge

Romancier

Verlaine m'a honoré de sa confiance. Je m'en félicite encore aujourd'hui. La manie un peu ridicule de donner du « cher maître » aux écrivains en renom est récente. Il n'y a qu'avec Verlaine et Mallarmé que l'expression ne m'ait jamais coûté à prononcer. Qui ne les a pas approchés ignorera toujours quel art majeur c'était, la conversation française. Quelle chance pour un débutant que d'avoir accès à l'intimité de ces deux personnages : on lui fournissait un antidote contre la mesquinerie dont la vie littéraire n'est pas toujours exempte. Les mardis de la rue de Rome ! On enviait le privilège de ceux qui y avaient leur fauteuil, comme on voit dans Saint-Simon des hobereaux se démener pour être du prochain Marly.

Mallarmé avait pour vertu cardinale l'attention. Il avait déclaré à Claudel qu'une question le tourmentait sans cesse : « Qu'est-ce que ça signifie ? » Devant un paysage, un roman, le visage d'une inconnue, la même énigme revenait l'obséder — et il finissait par la résoudre. Il lui suffisait de scruter une seule page d'un manuscrit pour pénétrer les desseins les plus abscons de son auteur. Au cours de ses soirées, il n'avait à cœur que de faire briller ses invités, et restait lui-même dans l'ombre. D'après Léon-Paul Fargue, il n'y avait que deux revues de possibles à Paris : une sur la rive droite qui aurait été patronnée par Mallarmé, une sur la rive gauche qui serait revenue à Verlaine. A son corps défendant, Mallarmé avait endossé ce rôle de chef d'école, les hommages étaient trop nombreux pour qu'il pût se claquemurer dans la tour d'ivoire qu'il avait bâtie en parole :

Je fuis et je m'accroche à toutes les croisées
D'où l'on tourne l'épaule à la vie...

Il aurait été fondé à reprendre la ritournelle des candidats à la députation : « Cédant à l'affectueuse insistance de nos amis... » Le stylite était donc descendu de sa colonne et il se prêtait de bonne grâce à la comédie des salons. Une seule condition : qu'on ne l'entretînt jamais de ses œuvres. Son orgueil avait pris le pli inverse de celui d'un Philoxène Boyer, ce poètereau qui, de l'apéritif au dessert, matraquait ses commensaux avec la récitation de ses sonnets. Autant il répugnait à nous parler de ses poèmes, autant il se plaisait à commenter ceux des autres. Et avec quelle subtilité : si le monde pour lui devait aboutir à un beau livre, c'est de longue date qu'il s'était entraîné à en déchiffrer les feuillets.

Verlaine faisait des incursions rue de Rome. De lui à Mallarmé s'était établi un courant amical qui ne laissait pas de surprendre. Il n'y avait pas au monde deux natures plus dissemblables. C'était une entente de puissance à puissance entre deux seigneurs qui s'estimaient, mais gouvernaient des apanages très différents. Verlaine, plus décousu, plus familier, ne captivait pas moins ses interlocuteurs. Il fallait d'abord essuyer ses imprécations contre Esther ou Eugénie, ses deux maîtresses. Ensuite, il alignait avec agilité les coq-à-l'âne, les calembours, les points de doctrine, tour à tour grave ou cocasse, se passionnant pour les décisions du président Krueger comme pour les mœurs sexuelles de l'ancienne Chine : moins à l'aise dans un cénacle, on l'aura compris, qu'au comptoir d'un café. Il y a des causeurs en chambre et d'autres qui ont besoin de la fumée des brasseries. Il avait en commun avec Mallarmé la boulimie de la lecture. Et le curieux, c'est que malgré tant de savoir il ne soit le fils de personne. On a rapporté l'inspiration des *Fêtes galantes* à la *Fête chez Thérèse* (des *Contemplations*) ; un critique est même remonté jusqu'à André Chénier. C'était confondre le thème et son traitement. Autant vaudrait rapprocher Cézanne d'Ingres sous prétexte que tous deux ont peint des baigneuses. Verlaine est un météore ; il est impossible de dessiner sa trajectoire dans une galaxie particulière. Il a subi, comme tout le XIXe siècle, l'attraction de la planète Hugo, qu'il a rompue très vite. Et il est reparti comme il était venu, sans faire-part. On ne lui connaît pas plus d'ascendance que de descendance. Des sous-Lamartine, des sous-Hugo, des sous-Baudelaire, on en a rencontré. Des sous-Verlaine, cela est inconcevable, on ne sait pas ce que c'est. Nul n'était mieux placé que lui pour chansonner la détresse de Gaspard Hauser, *calme orphelin, sans patrie et sans roi...*

Walter de la Mare

Poète

J'ai assisté aux conférences de Verlaine à Barnard's Inn, pendant l'automne de 1893. Vous devinez avec quelle ferveur un adolescent romantique (si ces deux mots ne font pas pléonasme) se rendait à cette invitation. Le prestige qui était attaché à son ambassade — je n'ai pas besoin d'y insister. Ce que c'est que de vivre en province ! Car il y a Paris, et le reste du monde, qui est la province. Nous savions qu'il se tramait au Quartier latin des conspirations incessantes, on n'établissait une dynastie que pour la renverser le lendemain : les romantiques passaient depuis longtemps pour des fossiles, les parnassiens avaient été expulsés par les symbolistes... Là où l'affaire se corsait, c'est que malgré le vacarme de ses affidés, personne ne pouvait fournir un signalement cohérent de cette dernière faction.

Verlaine, un des généraux de cette guérilla, allait nous en débrouiller les mystères. Il ne débarquait pas ici en terre inconnue. Londres, Bournemouth et Stickney appartiennent à la geste verlainienne aussi bien que Mons et Rethel. La langue, il la connaissait et l'a même enseignée. Nous n'étions pas pour lui des étrangers. Cette tournée de conférences, c'était une façon de s'acquitter de la dette de courtoisie qu'il avait contractée envers la vieille Angleterre, qui n'a jamais refusé l'hospitalité aux écrivains français fâchés avec leur pays. Saint-Evremond, Voltaire, Hugo... il figurait le dernier sur une liste bien remplie.

Enfin — nous l'avons vu entrer dans la salle, un vieil homme timide et fatigué, qui s'aidait d'une canne pour gravir les degrés conduisant au pupitre. Rien ne manque à la légende que lui ont forgée les journaux : ni le cache-nez de laine épaisse, ni le pardessus sans élégance. On dirait que c'est un élève du Caravage qui a crayonné cette silhouette ; un ruffian, un apôtre ? Saint Jude Thaddée ou un débris des Grandes Compagnies ? Il a pris la parole : je n'oublierai jamais sa voix — il avait la voix de ses poèmes, plaintive et haut perchée. Le son du chalumeau, qui accompagnerait idéalement « la chanson bien douce/Qui ne pleure quc pour vous plaire. »

Ce n'était pas sans espièglerie que les peintres du XVIIe siècle demandaient à des gueux de représenter d'augustes personnages. Leur malice les avait mis sur la voie d'une découverte sensationnelle, que récuseront toujours les artistes académiques : sous une défroque triviale se cache une réalité sublime ; pour que celle-ci transparaisse, tenez les yeux grands ouverts. Les uns ont rempli ce programme pour la peinture, Verlaine s'en est chargé pour la poésie. A d'autres les grandes machines épiques ou les promenades à Vaux et à Versailles. A lui,

Le bruit des cabarets, la fange des trottoirs
Les platanes déchus s'effeuillant dans l'air noir...

Tout se tient, puisque le poète de la vie de tous les jours était un homme de la rue. Depuis le romantisme, on attend du poète la prestance, le chic, une certaine allure dégagée et impérieuse. Il tutoie les éléments et les aigles lui mangent dans la main. On en a surpris à porter des santés dans des crânes. A la première déconvenue amoureuse, c'est le stylet sur la poitrine ou le saut dans le précipice. Il faut que le bourgeois en ait pour son argent. Comme les magasins d'articles de luxe, Orphée s'engage à livrer de la nouveauté tous les matins. Verlaine là-dedans... il avait bien sa mythologie, mais elle n'avait rien de flamboyant. Comment voulez-vous que la pratique s'y retrouvât ? « Le drame d'être laid, de l'être toujours (O triste, triste était mon âme...), de l'être tous les jours de la semaine, aussi bien devant une passante du boulevard Saint-Michel, que devant un garçon de café, Heredia ou Jules Renard, le drame d'être laid assis, debout ou couché, d'être sans cesse environné de l'impression qu'il produisait, du malentendu qu'il grossissait, Verlaine le vécut et le connut comme personne au monde sans doute. Car l'horreur, c'est d'être laid et de se savoir Verlaine dans le même sentiment d'épouvante et de pitié[7]. » Et si le contraire était vrai ? Le drame, c'est d'être laid et de se savoir monsieur N'importe-qui, sans trésors et sans sortilèges. Verlaine n'était pas si démuni, et à l'observer on s'en rendait très bien compte. A Barnard's Inn ou dans les bars de Saint-Séverin, tous ceux qui ont pris la peine de l'écouter vous diront la même chose que moi. Aucune disgrâce physique n'aurait pu offusquer sa supériorité intellectuelle.

Le Caravage et Georges de La Tour avaient raison : le premier croquant venu est digne de transmettre la Vérité ; et ce passant que la foule coudoie sans y prendre garde, il a peut-être sous son manteau râpé le manuscrit de *Sagesse*.

Jean Moréas

Poète

Bientôt quatorze ans que nous avons accompagné Verlaine au cimetière des Batignolles. Un clair soleil d'hiver, une assistance toute dévouée à la cause du lyrisme, un enterrement réussi en somme. Le terme vous choque ? On ne doit pas verser de larmes aux obsèques d'un homme comme Verlaine, car la mort d'un poète fait toujours sens. Celle de Chénier comme celle de Virgile, celle de Nerval comme celle de notre ami. S'il s'est trouvé plusieurs milliers de personnes, ce vendredi 10 janvier 1896, pour lui rendre les derniers devoirs, c'est que tous se doutaient qu'avec lui on ensevelissait quelque chose de la tradition poétique française. On n'entendrait plus de longtemps les trilles du rossignol de muraille. Un âge de fer allait s'installer ; de grandes bagarres sociales, des bras de fer entre nations, tout ce tintamarre étoufferait les voix délicates.

Et ce Quartier latin qui a suscité tant d'évocations nostalgiques, pensez-vous qu'il ressemble beaucoup à celui de mes débuts ? Le métropolitain remplace l'omnibus, « ouragan de ferraille et de boue » ; la fée électricité a éteint « l'œil clignotant des bleus becs de gaz. » Je ne prétends pas que le Paris que Verlaine avait hanté ne fut qu'idylle et prospérité. Les succubes tarifés qui se chamaillaient à sa barbe, le taudis de la rue Descartes où il avait échoué, la litanie des hôpitaux (« mon cher Broussais ») témoignent du contraire. Il n'a jamais été facile d'être pauvre ; l'indigent était piétiné hier comme aujourd'hui. On n'avait pas imaginé, quand même, d'en faire un objet statistique ou un argument électoral. La misère avait un visage, fût-ce celui de Bibi-Purée. Et Verlaine ne l'ignorait pas : il en jouait auprès de Robert de Montesquiou, dont il accablait le secrétaire Yturri de demandes de subsides. Ses suppliques ne sont pas restées sans réponses. Que Montesquiou n'ait pas compris à qui il avait affaire n'étonnera personne. Le vicomte appartenait à cette caste pour qui la pauvreté, pire qu'un vice, était un ridicule ; quant à la poésie, il eût été inconvenant d'envisager son épanouissement ailleurs que dans les salons du faubourg Saint-Germain, où on l'exécutait dans des séances de lecture à terrasser le plus servile des pique-assiettes. Et pourtant l'arbitre des élégances eut assez de cœur pour tendre sa bourse au Silène impécunieux. Ne le blâmons pas sous prétexte que sa largesse n'était pas dictée par l'admiration. La postérité trouvera insolite que l'auteur des *Hortensias bleus* ait subventionné celui de *Sagesse* ; elle se formalisera de la condescendance avec laquelle le premier répandait ses aumônes sur le second (« un pauvre vieux bonhomme de lettres »). Voici mon explication. Malgré les divergences des écoles et les inimitiés des personnes, les écrivains de ce temps avaient une *conscience de classe,* pour le dire comme les marxistes. La solidarité l'emportait : nous devinions que dans ce monde moderne qu'on était en train de nous usiner, la poésie ne serait pas reçue en enfant prodigue. C'est pourquoi, dans les *Dédicaces,* on trouve les noms les plus variés et parfois les plus inattendus : Barrès, Rodolphe Salis, Montesquiou justement, votre serviteur... Et c'est pourquoi, dans ce recueil auquel j'ai le plaisir d'offrir ma contribution, les signatures les plus diverses sont apposées.

Charles Guérin

Poète

Verlaine fut un trouvère sans feu ni lieu. Il naquit lorrain, comme Hugo franc-comtois. Les aléas de la vie de garnison ont décidé que Mme Verlaine accoucherait à Metz et Mme Hugo à Besançon. De l'inconvénient d'avoir un militaire pour auteur de ses jours... L'un et l'autre ont parfois célébré leur région natale, sans conviction, comme des écoliers qui bâclent leur devoir. Les enfants trouvés éprouvent de ces sentiments mêlés pour leurs véritables parents.

Au pays de mon père, on voit des bois sans nombre...

Et *l'Ode à Guillaume II, Metz* ? Un Déroulède amélioré aurait pu les écrire. Verlaine aboyant des couplets patriotiques, quel tableau saugrenu ! Une telle occurrence montre le fléchissement de son inspiration dans ses dernières années. Je l'avais fait venir à Lunéville en novembre 93. Ces tournées de conférences lui permettaient de gagner sa vie. Rimbaud a craché sur Charleville, Heine a vitupéré l'Allemagne et les Allemands de la belle manière. Verlaine ne ressentait aucune rancœur contre sa patrie, pas non plus d'intérêt. Ce n'était pas un poète *situé*. Pas de Baudelaire sans Paris. Que serait Ronsard coupé de la Touraine, Jammes sans les Pyrénées ? Du Bellay importune toute l'Ausonie de ses regrets angevins. Verlaine, lui, est partout un passant ; l'exil est sa demeure. Quand on relit les *Paysages belges, Walcourt, Charleroi* ou *Malines,* on a l'impression d'instantanés que le voyageur a pris depuis la fenêtre de son coupé. Nulle mise au point, pas d'éclairage travaillé — nous sommes loin des pèlerins romantiques, qui ne vous épargnent aucune dissertation d'histoire et haranguent l'Amour, la Liberté ou la grandiose Nature dès qu'ils ont grimpé de 1 000 pieds au-dessus de la mer.

On sent donc quoi ?
Des gares tonnent,
Les yeux s'étonnent,
Où Charleroi ?

Il n'a passé que deux fois la Loire. Dans son enfance, la famille a suivi Nicolas-Auguste envoyé à Nîmes. Vers la fin de sa vie, il s'est rendu à Aix-les-Bains sur les conseils d'un docteur. C'est le contraire de l'héliotrope, le plus qu'il peut il se cache du soleil. La lumière qui baigne ses poèmes est lunaire et hivernale.

Dans l'interminable
Ennui de la plaine
La neige incertaine
Luit comme du sable.

La Lune à l'écrivain public
Dispense sa lumière obscure
Où Médor avec Angélique
Verdissent sur le pauvre mur.

Le ciel est transi
D'éclairer tant d'ombre...

Peut-on se priver de la Méditerranée ? Enfouir la Grèce et l'Italie dans l'armoire des affaires classées ? Se tenir à distance du foyer de la civilisation, cela ne va pas de soi pour un poète, comment va-t-il poursuivre sa mission, maintenir le flambeau allumé ?

Verlaine a construit sa maison dans l'inhabitable.

Toits qui dégouttent, murs suintants, pavé qui glisse,
Bitume défoncé, ruisseaux comblant l'égout...

Il a relevé le défi que sa mauvaise étoile lui avait imposé : « J'ai été assigné à résidence, privé de Venise, de Cythère, des prairies et des lacs. Prisons, hôpitaux, rues sans ciel, faubourgs noyés de suie... la fée Carabosse qui s'est penchée sur mon berceau a cru me jouer un excellent tour en me les donnant en partage : tenez-vous bien, j'en ferai de la poésie, et tant pis pour Venise et Cythère ! Le matériau sans noblesse qu'on m'a laissé à modeler, je lui donnerai sa part d'amour, comme un artisan probe et plein d'entrain, et qui sera attrapé, à la fin des fins ? Les mercantis du sublime, tous ceux qui auront écumé temples grecs et sacrés vallons et n'en auront rapporté que des souvenirs pieux comme on en déguste aux vitrines de Saint-Sulpice. »

Alphonse Allais

Humoriste

Pour des raisons de basse cuisine vaticane, le pape Etienne VI fit déterrer et traduire en justice le cadavre de son prédécesseur Formose. Verdict : amputation des deux doigts avec lesquels l'accusé bénissait la foule. Le procédé nous apparaît aujourd'hui moins odieux que dérisoire. Est-ce qu'on juge les morts ? Ils accueillent avec le même ricanement indifférent nos flatteries et nos anathèmes.

Et puis, ça porte malheur. Révoltée par l'excès d'iniquité, la populace romaine massacra le pontife scélérat. On risque gros à discourir sur Verlaine. Lorsque Sainte-Beuve gourmande Stendhal et fait le délicat avec *La Chartreuse,* qui ne voit que ce n'est pas Stendhal qui y laisse des plumes ? Pour parer à ce genre de ridicule, on tresse aux disparus des éloges de confection : cette politique de la couronne mortuaire obligatoire ne profitera qu'aux entreprises de pompes funèbres.

Y ont-ils songé, les tristes nécrophages qui ont mis en train l'ouvrage que, lecteur, tu effeuilles en ce moment ?

Paul Verlaine

Léon Vanier

Editeur

Vanier n'est qu'un imbécile
Qui ne m'aura pas compris
Mais de lui, tâche facile
Et terrible, je souris.

Civil, Verlaine ne le fut pas toujours avec son éditeur. L'absinthe n'arrangeait rien. Il n'avait pas la griserie aimable. L'éditeur est un bouc émissaire tout désigné à la vindicte des auteurs mécontents. C'est un profiteur, un vampire ; ou c'est une bête obtuse dont les critiques n'ont aucune pertinence. Verlaine et moi avons pratiqué ce jeu-là comme des cabotins qui échangent mécaniquement leurs répliques. Il savait par cœur son rôle de poète maudit. Le public, médusé par sa *vis tragica,* en redemandait. On s'échangeait ses bons mots dans les cénacles. C'était Emile Bayard qui, après quelque ribote, l'avait reconduit à sa porte : « Gamin, guide-moi trébuchant dans mon sillon et dis-toi bien que la postérité, dont je me f... réciproquement, n'en croira ni tes yeux ni tes oreilles. » C'était Marcel Schwob, qui n'eut droit qu'à une interjection, mais combien éloquente : « Un matin, je suis allé chez Verlaine, dans une auberge borgne. Inutile de vous la décrire. Je pousse la porte. Il y avait un lit moitié bois, moitié fer, un pot de chambre en fer plein de choses, et ça sentait mauvais. Verlaine était couché. On voyait des mèches de cheveux, de barbe, et un peu de jaune de son visage, de la cire d'un vilain jaune, gâtée.

— Vous êtes malade, maître ?

— Hou ! Hou !

— Vous êtes rentré tard, maître ?

— Hou ! Hou ! (...)

Verlaine m'a tendu un bout de doigt. Il était tout habillé. Ses souliers sales sortaient des draps. Il s'est retourné contre le mur avec ses “hou ! hou !”. »

Etc., etc., etc. Je crois superflu de faire déposer d'autres témoins. Ma parole, on en oublierait les livres ! Il en a écrit, nous sommes payés pour le savoir, et même pour le dire. Quel métier bizarre, l'édition. D'un côté le public, de l'autre les écrivains : il faut bien de la présomption pour s'imaginer tenir tête à ces deux espèces de monstres, comme le veut notre emploi. Allez donc apaiser un auteur dont la plaquette ne s'est pas vendue. Verlaine me livrait des chefs-d'œuvre. Le public ne suivait pas. A qui la faute ? A Vanier, à sa lourdeur et à son incurie. Impossible d'inculquer à ces messieurs les versificateurs qu'après Hugo la poésie ne retrouvera plus jamais l'amitié de la foule. Verlaine n'était pas homme à supporter ces vérités. Il a abusé du privilège qu'on reconnaît au génie de se montrer ombrageux. Je ne suis qu'un épisode dans le feuilleton de ses querelles. Prises de bec avec Rimbaud, Cazals, Léon Bloy... On payait parfois très cher la faveur de son affection : un coup de feu dans la cuisse du premier nommé, quelques horions pour le Mendiant ingrat, qui, une fois n'est pas coutume, n'avait pas en vain allongé sa sébile.

Il avait l'excuse de la misère, qui le pistait avec acharnement depuis la banqueroute de Juniville : l'urbanité se pratique beaucoup plus dans les beaux quartiers que dans les lotissements de crocheteurs. Je n'oublie pas que c'était un bon compagnon quand le destin, relâchant sa poigne, consentait à le perdre de vue une couple d'heures. Ceux qui croient en l'avenir (bien obligé pour un éditeur !) ne doutaient pas de ses chances. Nos petits-enfants ne lui marchanderaient pas les honneurs dont il avait été frustré de son vivant.

Alors, n'ai-je pas eu raison de passer l'éponge sur ses peccadilles ?

François Porché

Biographe de Baudelaire et de Verlaine

On aurait stupéfié les contemporains de Baudelaire si on leur avait appris le rang que lui assignerait la postérité. Même ses amis ne voyaient en lui qu'un esprit original et talentueux, un peu piqué toutefois. Ils ne faisaient pas de manière pour reconnaître ses mérites ; de là à lui accorder le pinacle ! Le fameux procès de 1857 pour outrage à la morale publique, c'est aujourd'hui que ses attendus froissent les belles consciences ! Il faudrait presque féliciter le substitut Pinard d'avoir fait un peu de bruit autour des *Fleurs du mal.* Voici la nécrologie que le *Monde illustré* consacrait à leur auteur : « Les lecteurs que ce nom de poète n'avait pas encore frappés se sont demandé avec inquiétude quel était cet homme qui soulevait de si ardentes polémiques après sa mort, et dont ils n'avaient jamais entendu parler pendant sa vie. »

Verlaine ne pourra se plaindre d'une telle incompréhension. Il a fait école assez vite. Ernest Raynaud raconte que lors d'une des soirées de la rue Moreau, deux hurluberlus voulurent forcer l'entrée de la petite chambre où se concertaient le poète et ses amis : « C'était un homme de moyenne taille, avec un long collier de barbe noire, un complet de cheviotte blanc, qui hésita sitôt qu'il nous vit et fit mine de rebrousser chemin en chuchotant à son compagnon. Il rentra bientôt sous la poussée violente d'un petit homme vif et glabre qui le suivait et criait : " Non, non, je ne m'en irai pas. Je suis venu pour voir Verlaine. Je veux le voir ! " Et continuant à bousculer son prédécesseur, il franchit le seuil à son tour, claqua la porte pour lui couper la retraite, courut au lit de Verlaine, lui serra les mains plein d'effusion, et avec l'enthousiasme d'un assaillant qui déploie un drapeau sur la citadelle enfin conquise, jeta triomphalement son nom en l'air : " Louis Le Cardonnel[8] ! " » La ferveur de Le Cardonnel pour Verlaine recopie celle de Verlaine pour Baudelaire, à ceci près que Baudelaire se montra moins cordial envers son juvénile admirateur — M. Mallarmé l'avait déjà noté.

Un moyen infaillible de mesurer leur audience, c'est ce que j'appellerai l'épreuve des funérailles. Qui a suivi le corbillard de Baudelaire ? Manet, Fantin-Latour, Nadar, Champfleury, Veuillot... et Verlaine. Ces noms étaient alors ignorés ou exécrés. Autour de la tombe de Verlaine s'est formée une sorte d'union sacrée. On y trouvait beaucoup d'inconnus, mais aussi Moréas, Coppée ou Barrès, qui avaient derrière eux des troupes nombreuses et pressées d'en découdre. Car il y avait malgré tout des réticences et des résistances. Brunetière chipotait et Doumic bougonnait. Tout bien pesé, Verlaine a vu saluer son génie dans les temps. Peut-être grâce à la brèche qu'avait ouverte Baudelaire : désormais, il n'y aurait plus d'infamie à paraître en cour de justice et l'on pourrait en toute liberté entretenir le lecteur de ses ennuis intimes. Ce n'est pas la seule explication. Parmi les injures dont on a agoni Baudelaire, les épithètes[9] de morbide et d'obscène sont celles qui reviennent le plus souvent.

Même Jean Moréas ne peut s'empêcher de soupirer : « J'admire toujours Baudelaire et ne le relis jamais. Ses préoccupations comme ses adjectifs me gênent à présent jusqu'à l'angoisse : une angoisse physique. (...) Verlaine était plus naturellement poète que Baudelaire. (...) Verlaine avait l'esprit le plus fin. Il avait aussi le goût et le sentiment de la mignardise. » La finesse et la douceur de Verlaine lui ont gagné des suffrages, mais ne risquent-elles pas de tourner à son désavantage ? Un public moins attentif les confondra avec de la fadeur. Aujourd'hui on lui est reconnaissant de ne pas abuser des trémolos pour ponctuer le récit de ses déboires ; demain, sa discrétion ne sera-t-elle pas portée à son débit ? Il va souffrir du voisinage de Baudelaire et de Rimbaud. Je crois que les vrais amoureux de littérature ne sauraient accepter de hiérarchie des genres. Les lecteurs ne sont pas tous de cet avis. Pour certains l'élégie sera toujours la cousine pauvre et maigrichonne de la poésie visionnaire. Verlaine en pâtira dans les années à venir.

Georges Courteline

Dramaturge

J'aime Verlaine, comme j'aime Charles d'Orléans, à cause des points d'exclamation.

Hi ! Hi ! Hi ! Quel amant bizarre !

Bon ! V'là qu'un cocher d'fiac' m'vol tout !... c'est pas injusse ?

Citoyenne[10] *! votre évangile,*
On meurt pour ! C'est l'honneur !

Petit mercier, petit panier !

Crié soit à la clochette !

Ça doit correspondre à mon tempérament tout de primesaut, ce penchant pour la ponctuation renforcée. Parce qu'il y a aussi les césures incongrues, les enjambements abrupts et le mètre impair, tout cela qui invite à penser que les verlainiens préfèrent l'enjouement à la gravité. Au contraire, notre vieil alexandrin marche à l'allure solennelle des pères nobles à faux cols et à huit-reflets. Hugo, Vigny, Lamartine et leurs admirateurs, on ne se les représente pas comme de joyeux drilles, non ? Et ceux qui font leur miel de Hugo et de Verlaine ? Seraient-ils cyclothymiques ? Mes digressions sur la coupe des vers ramenée à la psychologie de leurs auteurs ne mènent pas bien loin. On a si vite fait de divaguer quand on fomente des théories sur les poètes. Verlaine, enfant, aimait beaucoup les processions des Pénitents blancs. Cette attraction pour les *fantômes,* certains y ont vu l'origine de son homosexualité, et la source de toute sa poésie. Bigre ! Verlaine, à la fin des fins, étant revenu à des amours plus orthodoxes, que conclure ? Qu'il avait assisté, entre-deux, à un défilé de clarisses ?

Eugène Carrière

Peintre, auteur d'un portrait de Verlaine exposé au Musée du Luxembourg

Combien de fois la journée un homme se contemple-t-il au miroir ? Qui peut se dire le familier de son propre visage ? Qu'y voit-il que son prochain ne sera jamais à même de déchiffrer ? Réciproquement, quel message autrui lit-il dans ses traits qui lui restera ignoré ? J'ai sous les yeux le portrait de Verlaine en ménestrel par Frédéric Bazille. C'est un jeune homme au regard ardent, presque halluciné. Il porte beau et sous la coiffe d'un pittoresque criard, on ne devine aucune calvitie. Si on masque la légende du tableau, je gage que même les plus intimes des amis de Verlaine ne le reconnaîtront pas dans ce fringant baladin. Il n'y a aucune raison de suspecter la bonne foi de Bazille. Verlaine aurait donc été joli cœur ? Adulé des femmes ? Mathilde au moins pourrait acquiescer. Ceci m'a remis en mémoire — l'âge venant, vos lectures interviennent sans façon dans vos pensées, si bien qu'une cervelle d'homme mûr n'est plus qu'un salon où les auteurs qu'il a étudiés s'apostrophent par-dessus la tête de leur hôte — l'accueil du prince de Poix au jeune Lamartine postulant une place aux gardes du corps du Roi : « Le prince entrouvrit les portes des bureaux de son état-major, et, appelant à haute voix dans la salle des revues les généraux et les officiers qui travaillaient à son recrutement : “Venez, messieurs, leur dit-il en me faisant poser assez légèrement devant tout le monde ; regardez ce jeune homme qui se présente et qu'on refuse. Peut-on refuser une pareille taille, une pareille figure, une pareille tournure pour le service du roi ? Je veux qu'il soit reçu à l'instant ; ma compagnie n'aura pas un plus beau garde !” Je fus applaudi et reçu. » (*Lamartine par lui-même,* Lemerre, 1892.) Mais non, il ne s'agit que d'une fabulation de peintre inspiré, et de Lamartine, Verlaine ne se rapproche que par sa vieillesse pitoyable. Pas pour lui, les couronnes tressées par des essaims de jeunes filles éblouies, les dithyrambes qu'on échange entre sommités sous les lambris des académies, les missives brûlantes des admiratrices se disputant les bonnes grâces du tourlourou. Le chemin de croix de Verlaine, on le connaît. Et ici nous retrouvons la beauté. Dans ma conviction, avant 45-50 ans la beauté n'existe pas dans une tête d'homme. Il faut que cette chienne de vie ait joué du burin et du ciseau sur notre caboche pour que celle-ci possède autre chose qu'une simple et bête perfection plastique. Les grands peintres ne pensaient pas autrement, Rembrandt, Dürer, Georges de La Tour, tous ceux qui se sont escrimés sur des études de vieillards. Question faciès, Verlaine a du répondant. Impossible de l'examiner sans se faire la réflexion que celui-là n'est pas le premier venu. Ironie du sort ! Le plus tendre de nos musiciens se cachait sous le masque d'un soudard mongol et les hardes d'un ramasseur de mégots. Roméo a été métamorphosé en Tarass Boulba par la même sorcière qui donne à tant de brutes aux crânes épais les apparences de la suavité[11]. Un défi excitant pour un peintre, et que n'ont pas voulu relever les caricaturistes. De Jossot à Steinlen, leur Verlaine n'est qu'une épave de brasserie, comme la nuit en disperse par dizaines sur le pavé parisien. Bien futé qui sentirait que leurs croquetons représentent un poète. J'ai pris le parti de supprimer décor et costume. Que le spectateur soit en tête à tête avec le modèle et qu'ils se rencontrent à armes égales. Les portraits d'écrivains sont décourageants : dans son cabinet de travail, la plume à la main et quelques feuillets bien remplis devant lui, le grand homme nous invite à une vénération sans réserve. Le Savoir ou la Littérature interrompent bénévolement leur labeur pour permettre à la foule l'accès de leur chez-eux. Si le visiteur n'est pas écrasé par tant de magnanimité, c'est qu'il a l'esprit incurablement sans-culotte et la foi de nos aïeux de 93. Il m'a semblé que la poésie, et surtout celle de Verlaine, réclamait moins d'apparat. D'homme à homme, on s'affronte, on se fouille du regard, et que soient prononcés les mots les plus francs — sans le secours d'aucune rhétorique. Beau programme : l'ai-je réalisé ? Les pères de la Patrie, qui viennent se récréer dans les galeries entre deux empoignades à la chambre haute, les amateurs de peinture qui rejettent l'impressionnisme, quelques érudits ravis d'ajouter un musée peu connu au tableau de leurs connaissances parisiennes : à ce petit monde d'en juger.

Ernest Raynaud

Poète

A qui se fier : d'après Jean Moréas, au convoi de Verlaine, le soleil s'était signalé malgré les directives de l'hiver ; Paul Fort, lui, soutient que la neige a fait des siennes depuis le parvis de Saint-Etienne-du-Mont jusqu'au cimetière des Batignolles [12]. Laquelle prévalut, de la sollicitude du soleil ou de l'indiscrétion de la neige ? L'enterrement de Verlaine, ce fut un pique-nique en tenue de cérémonie (car, sous les cyprès, il n'est pas interdit de festoyer) ou un défilé sous la bourrasque, une retraite de Russie en l'honneur d'un grognard blessé à mort au front de la misère ? Verlaine, s'il avait organisé lui-même son ultime voyage, aurait préféré la première proposition. Lui qui voulait tordre son cou à l'éloquence, la gouaille d'une partie de campagne entre vieux camarades l'aurait touché davantage que de grandioses démonstrations. Les funérailles de l'écrivain forment un genre littéraire dont le morceau de bravoure a été fourni par Victor Hugo. Là aussi, impossible d'obtenir l'unanimité des témoins. Fargue est fasciné : « Un jour, les Champs-Elysées montèrent comme une soupe et se répandirent sur la chaussée... » Claudel est dégoûté : « C'était quelque chose d'absolument arsouille, si je peux dire, répugnant, un défilé de mardi gras. » Pour lui clouer le bec, appelons à la barre Honoré de Balzac : « N'a pas qui veut le peuple à son convoi. » Au convoi de Balzac figurait Sainte-Beuve. On en a été surpris. Le lundiste n'aurait-il pas mieux fait de se tenir éloigné du cercueil de son adversaire ? Les deux hommes s'étaient combattus ; chacun écrivait sur l'autre des articles qu'il lançait comme des projectiles à la tête de son antagoniste. Alors quel motif le puissant critique avait-il pour tenir l'un des cordons du poêle ? Sans doute avait-il l'intuition que les querelles de personnes doivent s'éteindre quand la littérature, comme la Patrie en 1793, est déclarée en danger. Le salut public exige des ministres l'extinction de leurs différends, et c'est le spectacle de leur solidarité qui entraîne et fédère l'opinion. Langage un peu grandiloquent ! Mais la mort d'un homme, c'est un crève-cœur aussi acéré que les blessures de la nation.

Aucun de ceux qui ont rendu les derniers devoirs à Verlaine n'a eu à soupeser de tels cas de conscience. Il ne s'agissait pas le moins du monde de remplir une corvée, pénible mais indispensable. On a voulu voir en Verlaine l'homme nouveau, on s'est réjoui du courant d'air frais qu'il a fait circuler sur nos belles-lettres. Il n'était pas isolé. La période était aux laboratoires et aux expérimentations. Dans les cornues de Francis Jammes, Laforgue ou Verhaeren, le vers classique subissait les traitements les moins enviables. On l'étirait, on le raccourcissait, on l'amputait de sa rime, il était clair qu'étendu sur le lit de Procuste, le malheureux ne sortirait pas indemne de ces charcutages et de ces assaisonnements. Parmi les révolutionnaires impatients, il arrivait à Verlaine de jouer au fils déférent, à l'héritier soucieux de ne pas dilapider le magot amassé par des ancêtres économes et laborieux. Voici des citations : « Au-delà de 13 syllabes, les vers ne se tiennent plus. » « Symbolisme ?... Comprends pas... c'est un mot allemand ? » Il a rejeté le vers libre. Qu'aurait-il éprouvé à la lecture de Whitman ? Verlaine a-t-il posé les fondations d'un édifice dont nous ne pouvons que deviner les contours ? La foule assemblée autour de sa tombe avait plutôt le pressentiment qu'avec son trépas, on refermait définitivement, comme une vieille demeure devenue incommode ou onéreuse, ce chapitre de la poésie française dont Charles d'Orléans avait noirci les premières pages. Par la suite, Marot a mis la main à l'ouvrage, avant Tristan et Théophile. Nerval, le temps des *Odelettes,* a fait une incursion sur le chantier où, plus tard, on a entendu siffloter Musset.

Envole-toi, chanson, va dire au Roi de France
Mon rêve lumineux, ma suprême espérance !

(Charles Cros)

Est-ce pour de bon que la mélodie s'est enfuie à tire-d'aile ? Je sais bien que les roucoulades de Paul Géraldy ne rassureront personne. Mais ce n'est pas d'aujourd'hui qu'à la bourse de la littérature on joue à la baisse. Après nous le déluge : combien d'écrivains l'ont certifié, et pourtant le déluge n'est pas venu. On ne voit pas de successeur à Verlaine, et on en conclut que son secret s'est effacé avec lui. On ajoute que l'époque ne veut plus de musique de chambre : au placard la flûte ou le violoncelle, il n'y en aurait aujourd'hui que pour le clairon et le tambour. Ne manquons-nous pas d'imagination ? Parce que nous nous traînons au cœur du désert, nous refusons de croire que ce décor aride puisse accueillir un peu de verdure. Notre pessimisme est infondé ; les pronostics des docteurs Tant-pis ne méritent pas tant de confiance. On en reviendra à Verlaine. Dès qu'une accalmie le lui permettra, son petit air entêtant forcera de nouveau notre attention. La poésie de France a besoin de toutes ses voix. Accorder à l'une des privilèges et frapper l'autre de mort civile, ce serait une amputation à laquelle elle finirait par succomber. A bientôt, Verlaine...

Stefan George

Poète, traducteur de Verlaine en allemand

Le symbolisme n'est pas un mot allemand ! C'était jeter le discrédit sur ce mouvement que de lui supposer une telle origine. Plus d'une fois, Verlaine a cédé aux haines de nation. Par bonheur, l'emportement patriotique ne le saisissait que par des accès aussi brefs qu'incongrus. Le reproche de conservatisme que M. Raynaud lui adresse indirectement me paraît plus sérieux. Verlaine n'a pas ménagé les invectives aux écoles nouvelles. « Cymbalistes », « décadards » et « romanistes » ont chacun leur tour fait les frais de sa mauvaise humeur. Encore une fois l'histoire du notable qui rouspète contre des étudiants chahuteurs, sans que le souvenir de sa jeunesse indisciplinée le porte à l'indulgence ? Ou la fable de l'apprenti sorcier : peut-être Verlaine a-t-il eu peur que les maléfices qu'il avait mis au point ne tournent au désastre. La poésie ne s'embarquait-elle pas pour un voyage hasardeux ? Il a crié casse-cou aux jeunes poètes, à ces pilotes pleins d'insouciance et de témérité qui détournaient le navire vers des détroits inconnus. Et ces galopins avaient le culot de se réclamer de son pavillon ! Il a refusé de les suivre ; il les a laissés prendre la mer sans lui, en leur prédisant écueil sur écueil. Rester sur le quai ne lui a pas porté chance. Ses derniers livres sont inférieurs à ce qu'il nous devait. S'ils étaient signés Ephraïm

Mikaël, Gustave Kahn ou Charles Morice, on ne se montrerait pas si sévère. On aurait des paroles encourageantes, comme les critiques savent en lâcher aux débutants valeureux. « Intéressant. Il y a des passages originaux. Un écrivain à ne pas perdre de vue. » Avec Verlaine, un tel langage ne convient pas. Qui serait dupe de cette gentillesse de commande ? On ne prodigue pas la commisération après l'adulation. Faire la charité au monarque abattu, ce serait encore plus avilissant que de lui décocher le coup de pied de l'âne. L'enlisement de Verlaine : nous n'arrivons pas à en prendre notre parti. Avec les auteurs qui ont enflammé sa jeunesse, le public est si pointilleux que le tarissement de leur génie lui semble une trahison. Verlaine n'avait pas le droit de laisser la lampe s'éteindre ; il n'aurait jamais dû ficeler des *Invectives* et des *Liturgies intimes.* Pas lui ! Ses chefs-d'œuvre sont autant de pièces à conviction dont on accable le vieil auteur en déconfiture. A qui a planté son drapeau sur les crêtes, il n'est plus permis d'arpenter la plaine.

Jean de La Ville de Mirmont

Poète

Chacun son Verlaine. Stefan George vient de répliquer aux propos discourtois que celui-ci a tenus sur son pays. Autant de lecteurs, autant de lectures. C'est le lot des grands poètes ; tous en font leur profit, sans qu'une telle récupération ressemble à de l'indélicatesse. Ils conversent avec la duchesse à seize quartiers ou ils argumentent avec le prolétaire en blouse. L'Anglais, l'Allemand, le Flamand, le Parisien ou le Bourguignon n'ont besoin d'aucun truchement pour capter leurs paroles.

Dans le recueil *Sagesse,* il y a une invitée dont le maître de maison vante avec assiduité les vertus : la mer.

La mer ! Puisse-t-elle
Laver ta rancœur,
La mer au grand cœur...

La mer est plus belle
Que les cathédrales...

Nous avons fait du chemin depuis les *Poèmes saturniens* : « Nature, rien de toi ne m'émeut... » Parlera-t-on de l'allégresse d'une âme pieuse au spectacle de la Création ? Cela ne va pas de soi. Il a fallu l'intervention de Rousseau et de Bernardin de Saint-Pierre pour réconcilier le croyant avec la nature. Auparavant, celui-là ne voyait en celle-ci qu'effarants mystères contre lesquels sa religion lui servait de refuge et de consolation. La mer a aggravé cette répulsion de la créature désarmée. Du président de Brosses, guère dévot : « C'est à mon gré la moindre peine de la mer que le vomissement ; ce qu'il y a de plus difficile à supporter est l'abattement de l'esprit, tel que l'on ne daignerait pas tourner la tête pour sauver sa vie, et l'odeur affreuse que la mer vous porte au nez. »

Mais au XIXe siècle, le chrétien Verlaine n'est pas de cet avis. Ce ne sont pas les frères Goncourt ou J.-K. Huysmans qui l'accompagneraient en croisière ou en excursion : les spécialistes du dégoût, les ennuyés par vocation. « L'insipide chose que la campagne... », « Beaucoup trop de répétitions de formes chez les animaux... », « Je vous le dis en vérité : NOUS N'AIMONS PAS ! » Qui l'aurait cru, que l'hypocondrie deviendrait un fond de commerce littéraire ? Il est aussi impossible aux naturalistes de quitter leurs mines pincées et leurs haussements d'épaule, qu'à Verlaine de ne pas se réjouir et célébrer. Il n'a pas de mérite : c'est son tempérament ; c'est son métier ! La mer en a ensorcelé d'autres qui n'avaient pas ses dispositions à l'enthousiasme : son ravissement était donc prévisible. Une chose lui répugne, la ville, et il y a passé toute sa vie.

La « grande ville » ! Un tas criard de pierres blanches
Où rage le soleil comme en pays conquis.
Tous les vices ont leurs tanières, les exquis
Et les hideux, dans ce désert de pierres blanches.

Quand il se rapproche de la nature, ses avances ne sont guère récompensées. Mal exploitée, la ferme de Juniville le ruine rapidement (« Notre essai de culture eut une triste fin »). Lors du séjour à Aix-les-Bains, sa bourse est trop plate, il ne peut s'offrir le billet d'omnibus qui lui permettrait de contempler le lac du Bourget. On sourirait de ce citadin peu dégourdi qui se pique d'agronomie, et prêche la vie au grand air depuis le quartier Mouffetard, si l'on ne reconnaissait dans ses mésaventures la malédiction qui empêche l'albatros de prendre son essor. Les amours de Verlaine avec la mer devaient rester platoniques.

Anatole France

Romancier, poète, critique

Parce qu'un homme s'est trompé une fois, on décide qu'il ne s'approchera plus jamais de la vérité. Mais les pécheurs les plus endurcis se repentent. De bons amis répètent un peu partout des paroles malheureuses que j'ai laissé échapper sur Verlaine[13], et l'on me montre du doigt en chuchotant : ah, la ganache ! Me voilà désigné à la succession de Jules Lemaître, à qui le vieux Sarcey confiait malicieusement : « Mon cher, ma retraite est imminente, ça va être votre tour de jouer le rôle de la vieille bête ! » L'équité demanderait qu'on montre au public le passage suivant : « Et puis il ne faut pas juger ce poète, comme on juge un homme raisonnable... Il est fou, dites-vous ?... Mais prenez garde que ce pauvre insensé a créé un art nouveau et qu'il y a quelque chance qu'on dise un jour de lui ce qu'on dit aujourd'hui de François Villon auquel il faut bien le comparer : c'était le meilleur poète de son temps. » (*La Vie littéraire,* 3ᵉ série.) Je prie les messieurs Savonarole et Torquemada, si nombreux en littérature, d'y réfléchir à deux fois avant de me décerner leur San-Benito.

On croit aussi du dernier chic de molester Edmond de Goncourt. Lisez les *Hommes nouveaux* : il s'y voit propulsé « tout simplement à la tête des prosateurs contemporains ». Allons, monsieur de La Ville de Mirmont, il n'y a pas tant d'antipathie entre Verlaine et les Goncourt ! Les haines de Verlaine ne sont pas assez tenaces pour l'inciter à la vengeance. On ne trouve pas chez lui de ces inimitiés solides qui nourrissent leur homme et le tiennent en éveil. Ce qui témoigne pour son bon cœur dépose peut-être contre son caractère.

André-Joseph Salis

Raccommodeur, coursier, épicier...

Pour commencer, que je me présente. Bibi-Purée ou Bibi-la-Purée ? J'ai lu l'un et l'autre dans vos journaux. Dame Misère pousse le zèle jusqu'à nous dépouiller de notre nom ; et quand elle nous affuble d'un surnom, il faut encore qu'on nous le mutile. L'état civil nous refuse ses services, nous n'avons qu'une identité au rabais. Je préfère sans l'article, ça fait la moitié d'un octosyllabe. Paul Fort disait « Bibi-la-Purée » parce qu'il lui fallait rafistoler un de ses faux alexandrins :

n'importe ! je suivrai toujours, l'âme enivrée, ah ! folle
d'une espérance désespérée
Montesquiou-Fezensac et Bibi-la-Purée,
vos deux gardes du corps, — entre tous moi dernier.

Car Paul Fort et Verlaine ont parlé de moi ! D'apercevoir ma silhouette dans les beaux livres, je me suis fait l'effet d'un de ces pauvres hères qui remplissent les cortèges dans les tableaux anciens. Au premier plan, le donateur, duc, archevêque ou ministre. Non loin de lui, ses amis et ses familiers, quelquefois le peintre lui-même. Et enfin, les comparses : les soldats, la valetaille ou Jacques Bonhomme. Par le caprice d'un artiste, le grand seigneur et le manant qui s'est faufilé à sa suite se présentent tous les deux au coup d'œil du visiteur de musées. Je remercie de leur hospitalité ceux qui ont réservé dans leurs ouvrages une encoignure pour mon effigie, moi qui n'ai pas toujours eu un toit à me mettre par-dessus la tête.

Gens de lettres ne passent guère pour charitables. On m'a traité de parasite, on a décelé dans mon amitié pour Verlaine des arrière-pensées pleines d'intérêt. Comme si Verlaine avait été cousu d'or ! Comme si l'on avait pu retirer un profit de sa fréquentation... Le peu qu'il possédait, la Boudin ou la Krantz le lui raflait sans le moindre espoir de partage pour un troisième larron. Il faudrait des mots plus riches ou plus savants que les miens pour vous mettre les yeux en face des trous. M. Delahaye vous a expliqué comment nous avons fait connaissance. Les humbles aussi ont droit au soleil. J'ai pris sur moi de m'approcher de ses rayons. Verlaine était célèbre, il n'avait pas de morgue ni de hauteur. Je lui ai tendu la main, histoire de me réchauffer. Le peuple ressemble aux enfants : il reconnaît sans faute ceux qui l'aiment sincèrement. Les phraseurs, les doucereux, les complaisants, il a tôt fait de les détecter et de les tenir à distance[14]. Verlaine avait de la tendresse pour les simples, il était normal qu'ils la lui rendent. Est-ce qu'on fait de la poésie avec du mépris ? Le dédain se marie mal à la joie, à la tristesse, à ces choses élémentaires dont parlait Verlaine. N'ayez pas peur ! Il n'entre pas dans mes vues de me livrer aux délices de l'exégèse. Avec les Parnassiens, la poésie était devenue affaire de joailliers. Les pauvres gens sentaient bien qu'un objet aussi ouvragé n'était plus dans leurs moyens.

FAC

Verlaine a remis la poésie à la portée de toutes les bourses. Abordable, voilà ce qu'il l'a rendue. Et non plus un divertissement de bas-bleu ou un étalage de chinoiseries. Je me suis attaché à lui pour toutes ces raisons, et honni soit qui mal y pense.

Anatole Baju

Poète

On s'y perd, dans tous ces hôpitaux. Tenon, Cochin, Broussais... Je crois que c'est Broussais qui l'a hébergé le plus souvent. Nous avons eu le douteux honneur, nous aussi, d'y lasser la patience de quelques médecins. Cette salle Lasègue, si laide, si déprimante, elle a fait concurrence aux salons de madame Straus ou de la princesse Mathilde. Quelle que fût sa résidence du moment, Verlaine avait le don de susciter les réunions. Dans ces conciliabules inoffensifs se tramait le sort de la poésie. A côté des amis et des passionnés, on rencontrait des arrivistes, ou pis, des curieux. Il faut avouer qu'il y avait de quoi appâter les badauds intellectuels : un chef d'école sur un lit d'hôpital ! Des palabres, des invectives, des ratiocinations sur le déclin de la rime ou l'avenir de la contre-assonance... et tout cela autour de la couche d'un malade, entre deux visites de ses médecins. Il n'y avait que Verlaine à Paris pour déclencher de tels prodiges fraternels.

C'est donc le cœur léger que je descendais la lugubre rue Didot pour franchir le portail de Broussais. Rue Didot, avenue du Maine, rue de Gergovie : c'est le vrai Paris ouvrier et petit-bourgeois, c'est le Paris de Verlaine. Car il existe un Paris attrape-touristes et faussement populaire, où l'on vous fabrique de l'esprit boulevardier à la demande et du pittoresque faubourien en veux-tu, en voilà... Il faudrait un nouvel Homère pour retracer l'odyssée parisienne de Verlaine. Des Batignolles à la rue Descartes, en passant par Saint-Antoine, nous louvoyons dans les eaux profondes de la capitale. A chaque poète son Paris : Villon, Hugo, Nerval, Baudelaire ou Verlaine, aucun n'a décrit la même ville (*ni tout à fait la même, ni tout à fait une autre*). Verlaine est-il un petit cousin de Villon, comme on l'a souvent dit ? Ce qui les sépare est plus important que ce qui les rapproche. Le Paris de Villon n'est certes pas plus reluisant que celui de Verlaine, avec ses truands, ses clercs marrons et ses tenanciers de mauvais lieux. Mais il y a dans le *grand* et le *petit Testament* une truculence des bas-fonds qu'on ne retrouve pas chez Verlaine. L'auteur de *Mes hôpitaux* a plus de points communs avec le Baudelaire des *Tableaux parisiens,* où une populace débile et grouillante essaie vaille que vaille de surmonter la peine de vivre. J'en veux nommer encore un autre, qu'on sera peut-être surpris de rencontrer en pareilles circonstances. Ouvrons les *Cahiers de Malte Laurids Brigge* à la première page : « 11 septembre, rue Toullier. (*A deux pas de ce quartier Mouffetard où Verlaine a fini sa course.*)

Les gens viendraient ici pour vivre : je dirais plutôt pour mourir. Je suis sorti. J'ai vu : des hôpitaux. J'ai vu un homme qui vacillait et qui a fini par s'effondrer. On s'est attroupé autour de lui, je n'ai pas pu assister à la suite. » Cet égaré que trop de boisson conduit au naufrage, cela nous dit bien quelque chose ? Il ressemble au Verlaine des derniers temps et ce Paris morbide et repoussant est celui où le Pauvre Lélian traînait sa déchéance. Qu'on ne voie donc aucune invraisemblance dans la rencontre du jeune gentilhomme danois avec Verlaine, notre vieil aède plébéien. L'histoire des écrivains est pleine de ces coïncidences ; Villon et Charles d'Orléans au concours de Blois fournissent la matière d'un riche roman, où l'on voit un sang-bleu tendre la main à un vilain, parce que tous deux sont poètes et qu'il n'existe qu'une aristocratie qui compte, celle du talent. A ce sujet, Verlaine a toujours respecté l'usage de faire débuter l'envoi de ses ballades par le mot *prince*[15]. Charles d'Orléans ne s'y est presque jamais conformé. Nous aimons que Verlaine ait appliqué la règle que Charles d'Orléans a bafouée. De tous ces princes et de toutes ces princesses auxquels il en a appelé, certains ont fait la sourde oreille et d'autres ont répondu présent. Malte a préféré passer son chemin, mais Verlaine le rattrapera bien vite.

« *Bibliothèque Nationale.*

... et me voici parmi les livres, très loin de vous, c'est comme si j'étais mort, je suis assis et je lis un poète. Vous ne savez pas ce que c'est, un poète ? — Verlaine... »

Eugène Vermersch

Journaliste

Je n'aime pas la réputation qu'on fait au poète : un rêveur accroupi sur son nuage et qui vaticine avec élégance sur les bonheurs et les misères d'un monde qu'il ausculte depuis le firmament. C'est vous dire à quel point m'ont heurté les sarcasmes de M. Degas. Il s'est permis de monter en épingle les errements politiques de Verlaine.

« Aussi, quel besoin ont vos écrivains de se mêler de gouvernement ? » Posez la question à M. Thiers ! Dans le Paris de mai 1871, on était mis en demeure de se déclarer ; le silence était impossible. Le petit foutriquet, comme l'appelait le maréchal Soult — entre vertueux on a de ces familiarités —, avait des idées simples sur le dialogue social : regagnez notre camp ou partez en Nouvelle-Calédonie, ou encaissez votre ration de plomb à Satory ou au Mur des Fédérés. Verlaine était un faible, il s'est souvent laissé entraîner : mais a-t-on remarqué qu'en matière politique, il s'est laissé entraîner par son bon cœur ? Verlaine l'élégiaque, le tendre Verlaine, l'amoureux de Mathilde a rejoint le bivouac des socialistes vociférants et débraillés, et pour sa lune de miel ce sont les canons des réguliers qui lui ont offert la sérénade. Pendant que la *Bonne chanson* sommeillait dans une de ses armoires, la France des riches et la France des pauvres engageaient la conversation. Je te mitraille tes généraux et tes archevêques, tu me massacres mon prolétariat. Dans cette bourse sanglante des exécutions d'otages et des représailles, Verlaine n'était pas le moins prompt à enchérir. Aux obsèques de Charles Hugo, Edmond de Goncourt relève ses « propos incendiaires ».

J'ai l'oreille fine, j'entends vos soupirs de pitié : qu'allait-il faire dans cette galère... encore un que la jactance humanitaire a dévoyé. S'il s'était contenté de chatouiller la guitare sous les fenêtres de mademoiselle Mauté, quel accueil ne lui auriez-vous pas réservé ; un jeune homme si doué ! Sa place n'était vraiment pas au milieu des vauriens barbus qui ont bouté le feu aux Tuileries, fusillé Mgr Darboy, et j'en passe. Je songe à ce vieil ouvrier à qui les Versaillais s'apprêtaient à brûler la cervelle. Ses dernières paroles : « Vous me tuez. Vous faites bien ! J'ai tué mon propre fils parce qu'il portait votre uniforme. » La misère ne rend pas amène. Verlaine non plus n'était pas amène. Entre rustauds, on discute, on fraternise, du moment que le bourgeois passe un mauvais quart d'heure, la glace est vite rompue.

Les incohérences de Verlaine font sourire M. Degas. Verlaine serait passé à l'ennemi : réactionnaire, peut-être royaliste, calotin à coup sûr... tout cela n'a pas le sens commun, et ces volte-face déchaînent la verve des sots. Nom d'un petit bonhomme ! Ils ne manquent pas de culot, ceux qui enfilent la robe du magister et donnent de la férule sur les doigts de Verlaine. « Métrique 14/20... civisme 1/20... conduite 1/20. Élève Verlaine, au piquet ! » Verlaine s'est tenu à nos côtés en parfaite connaissance de cause ; s'il a fait fi de vos adjurations, c'est sans doute que vous n'étiez pas des prédicateurs convaincants. Regardez-vous : la morale vous a rendu obèses. Votre bonne conscience et votre bedaine, c'est tout un.

Et s'il a arboré les fleurs de lys après avoir cueilli les coquelicots, la raison en saute aux yeux des plus myopes : en haine de votre république de chéquards et de brelandiers.

Louis Veuillot

Polémiste

Le charmant raisonneur. Et qu'il a de titre à notre crédulité quand, après avoir tant prêché la colère et la haine, il mendie l'indulgence de ceux dont il réclamait la tête. Que dis-je, l'indulgence ! Ils n'ont pas une goutte de sang sur les mains. Ou si peu. Ou c'était la faute à Trochu, aux Jules, aux dominicains d'Arcueil qui se sont laissé égorger avec trop de docilité, pourquoi pas. M. Vermersch, convenons-en, vous êtes un séraphin, et ceux qui vous accablent, d'affreux roquets. Vous croyez convenable d'annexer Verlaine à votre mauvaise cause. Et comment vous rétorquer ? Vous avez raison, M. Vermersch, on ne fait pas son marché avec un homme de l'espèce de Verlaine. Monsieur le boucher, je vous achète le cœur et la tête, et je vous laisse les autres abats. Et pourtant, ne vous est-il jamais échappé de dire : Monsieur le libraire, je vous prends les *Fêtes galantes* et les *Romances sans paroles,* gardez les *Epigrammes,* les *Biblio-Sonnets* et les autres bas morceaux de Verlaine. Car il y a des parties secondaires dans son œuvre : tous ceux qui nous ont précédés dans cette réunion (ce meeting, M. Vermersch !) en sont convenus. Bien entendu qu'ils ne sont pas deux : un Paul qui rirait le matin en compagnie des lorettes et des Terroristes, un Verlaine qui pleurerait le soir dans les bras de son prêtre. Mais je trouve un peu bien grossier le marchandage que vous nous proposez : prenez-moi tout mon Verlaine ou ne mettez plus le pied dans ma boutique. Mauvais ouvrier, employez une méthode moins sommaire quand on vous demande un travail aussi délicat que le portrait de Verlaine. Verlaine lui-même avait ses préférences : il s'aimait mieux en repenti qu'en pécheur. A quoi bon vous infliger ma prose quand c'est l'intéressé qui se charge de vous contredire :

Et toujours un lâche abrité
Dans mes conseils qu'il environne
Livrait les clefs de la cité.

(*Sagesse,* I, II)

Et qu'on ne vienne pas dire que Verlaine est revenu sur ses intempérances de mœurs, non sur ses délires politiques. Anarchie, débauche, quelle différence ? La citoyenne Louise Michel passait pour avoir l'esprit large en matière de communautés des biens. L'amour libre et le bourgeois à la lanterne, tel est votre programme. Verlaine a abjuré sa première partie (malgré les rechutes), il m'est difficile de croire qu'il continuait à en approuver la seconde. C'est d'un bonimenteur de préau que d'accrocher, de gré ou de force, des noms prestigieux à sa banderole.

Il n'existe pas 36 moyens pour faire un grand poète. Pour faire un grand poète, il faut un homme, et pour faire un homme, il faut... vous m'entendez, M. Vermersch, il faut... appelons ça du courage. Cette sorte de virilité si peu répandue qui nous force à considérer nos tares et à tâcher de nous en défaire loyalement et patiemment. Relisez *Sagesse.* Il y est partout question de contrition. Et replongez-vous dans Villon, il n'est jamais trop tard pour se nettoyer :

Je plains le temps de ma jeunesse
Auquel j'ai plus qu'autre gallé

De l'importance du remords dans la création littéraire. Voilà un beau gibier pour les chasseurs de thèses ou je ne m'y connais pas. Tout cela prouve avec clarté que nous sommes plus habilités que vous à revendiquer Verlaine. Jusqu'au revoir, M. Vermersch.

Frédéric-Auguste Cazals

Dessinateur

Ils n'auront pas bientôt fini de se chamailler ? Les objurgations de Stéphane Mallarmé resteront lettre morte ? On n'échange pas des bourrades autour d'un cercueil. Et qu'on cesse aussi de se vautrer dans les méfaits de Verlaine. Schwob, Renard, les infects Goncourt : tous ont leurs ragots à placer, c'est à qui fera circuler le plus d'immondices. Nous ne devrions pas éprouver tant d'excitation à voir trébucher le prochain, surtout quand il a cette carrure. Des fautes, Verlaine en a commis. Certaines sont lourdes ; il en est d'autres qu'on lui passe volontiers. Une société de poésie nancéienne lui avait fait don d'une coupe de Gallé. Notre homme reprend le chemin de fer pour Paris, lesté de sa récompense. Qu'il fait chaud dans le train ! On a soif et on est encombré d'un objet d'art. A la première étape, que croyez-vous qu'il arriva ? Le train s'arrête, le voyageur descend et avise un mastroquet. Il parlemente avec le patron, l'affaire est vite conclue : quelques rasades d'absinthe contre une magnifique pièce de vaisselle. Si le tavernier avait bon cœur ou mauvais goût, c'est ce qu'il serait intéressant de savoir mais que l'histoire ne dit pas.

Gares prochaines,
Gais chemins grands...
Quelles aubaines,
Bons juifs-errants !

Mais voici qui est moins distrayant. J'en demande pardon aux pions de la critique, qui se délectent des faux pas des écrivains et en jacassent pendant des volumes. Verlaine avait horreur de l'argent. Ou plutôt, il n'a jamais su ce que c'était. Il s'était fait passer un savon par son logeur de la rue de la Roquette, savez-vous pourquoi ? Je le tiens d'Ernest Raynaud. C'était au lendemain de la mort de sa mère, l'époque la plus sombre d'une vie où le rose n'a jamais dominé. Mathilde lui envoie un huissier pour mettre la main sur l'héritage : quelques actions au porteur que madame veuve Verlaine avait entassées sous son matelas. Il faut concéder que Verlaine, de lui-même, n'aurait jamais versé un centime de pension à la mère de son fils Georges. Le recors se présente au domicile du pauvre musicien et lui expose sa requête. Cela sous les yeux du logeur, à qui nous laissons la parole : « Cette andouille de locataire n'a fait ni une ni deux. Au lieu de jouer les étonnés, de tergiverser, il se dirige vers le sommier garni, il en extrait les titres et les remet sans un mot à qui de droit. Mon terme ! Mon terme qui me filait sous le nez ! J'en étais si estomaqué, je ne me suis ressaisi qu'après le départ du vautour. J'ai enguirlandé le naïf dans les grands prix. A-t-on idée de se faire embobiner avec cette mollesse... » Je coupe le discours du pipelet. Je pourrais en tartiner, moi aussi. Le sublime artiste traqué par les sangsues : on connaît. Tout de même, qu'on médite là-dessus : Verlaine est bien celui qui a tiré l'or de la boue. Le mérite de Virgile et de Théocrite n'est pas grand : ils avaient tout sous les yeux. Verlaine, lui, a dû inventer.

Arthur Mugnier

Prêtre

La vieille église où nous avons vu entrer Verlaine mort...

C'est Saint-Etienne-du-Mont que désigne Valéry Larbaud dans le vers ci-dessus. Plus loin, nous avons Sainte-Geneviève. La patronne de Paris offre aujourd'hui le gîte posthume aux pontifes de votre république laïque et obligatoire, mais on ne m'en voudra pas si je rappelle que sa demeure devait rassembler d'autres visiteurs, qui y célébraient un culte tout différent. Encore plus loin, Port-Royal de Paris a laissé son nom à un boulevard. Si l'on s'enfonce encore un peu dans le faubourg Saint-Jacques, on trouvera la maison du Petit-Bourbon où fut fondée la congrégation de l'Oratoire le 11 novembre 1611. Il y a aussi Saint-Jacques-du-Haut-Pas, première station vers Compostelle. Et si nous nous en retournons d'où nous sommes partis, nous pouvons faire halte à Saint-Médard où, dans les convulsions et les vociférations, les jansénistes achevèrent de déconsidérer leur cause avant de la céder aux parlementaires. Bien, M. Péguy, tout commence en mystique pour finir en politique, et quelquefois on en passe par la crise épileptique.

Geneviève de Paris, le cardinal de Bérulle, le Grand Arnauld et Blaise Pascal... quel voisinage !

On ne saurait dire que les bons exemples aient manqué à Verlaine. On ne saurait dire non plus qu'il en ait fait son profit. Ce n'est pas faute d'avoir essayé :

Farouche ami qui m'accompagnes,
Tu le sais, courage païen,
Si nous en fîmes, des campagnes,

Si nous avons négligé rien
Dans cette guerre exténuante,
Si nous avons travaillé bien
Le tout en vain...

(*Sagesse,* I, II)

Dans un de ces vénérables ouvrages que personne ne prend plus le temps de consulter, je lis ceci : « La conversion des Grands dégénère souvent en spectacle, et il n'en résulte que des œuvres d'ostentation. » Verlaine, s'il n'était pas un des grands de ce monde, comptait parmi les illustres. Sa conversion aurait pu tourner à la farce édifiante, au mystère de foire, le vice et la vertu se disputant cette âme indécise devant un parterre bruyant et divisé ; par malheur, la religion ne passionne plus que quelques demoiselles provinciales et les croqueurs de curés, qui seraient navrés de voir disparaître leur friandise. Pour le coup, c'est leur discrétion qui m'a étonné. Ils auraient pu ironiser. Le retour de Verlaine à l'Église s'est accompagné de trop de séances de congratulations dans le parti catholique. Oui, j'attendais et je redoutais vos brocards : « Ils se frottent les mains comme des maquignons qui ont fait l'emplette d'un pur-sang, de quoi rehausser le prestige de leur écurie. »

Bravo pour votre tact. Car la conversion de Verlaine ne lui a rien rapporté, surtout pas la quiétude. Il a continué à tituber entre la grâce et l'infamie, avec aux épaules les deux croix écrasantes de la misère et de la tentation. En rire ou en gémir, double malentendu. Les hommes naissent libres et égaux en droit, messieurs les petits-fils de Brutus et de Robespierre ! *Ergo,* leur destin est de leur entière responsabilité. Rien de révoltant si les vagabondages de Verlaine ont abouti à la tanière de la rue Descartes.

Léo Larguier

Poète

Le Paris que nous a fait traverser l'abbé Mugnier, qu'il est austère et qu'il a de sombres façades ! Je vais vous guider dans un Paris bien différent et pourtant guère éloigné de l'autre. Saint-Germain-des-Prés, mon village... Le petit monde des aspirants écrivains, des revues de peu d'abonnés, des salons à la mode cinq ans, six ans ou trois semaines. Ce sont de bien pâles personnages sans doute que Numa Baragnon, Pierre de Querlon ou Mécislas Golberg, en face de ceux que vient de mentionner l'abbé. Il a beau jeu : le plus insignifiant des ascètes réussirait à écraser un poète, si celui-ci n'a pas touché les sommets. On ne nous laisse pas le choix : chantre national ou félibre au chef-lieu de l'arrondissement. Quel café parisien n'a pas son grand homme ? Il a failli supplanter Henri Muchart au « littéraire » du *Petit bleu de Perpignan* ; il exhibe volontiers la lettre flatteuse de Heredia que lui a value son premier manuscrit ; c'est la franc-maçonnerie des médiocres qui a confiné sa notoriété. Je les ai tous fréquentés. Vous permettez qu'à mon tour je vous dresse la liste de mes églises : le *Vachette,* le *Procope,* le *Soleil d'or,* le *François-Ier*. Moins connus : le *Canon,* le *Soufflet,* le *d'Harcourt...*

Verlaine communiait souvent dans ces sortes de temple. On sait de quelle manière : sous une seule espèce. Il aurait mieux fait de hanter les vôtres davantage, monsieur l'abbé. Les pisseurs de copie le tiraient par une manche : encore un verre, cher maître ! Les sacristains le retenaient de l'autre : Verlaine, encore un orémus ! Chapelles des deux côtés. De l'intolérance, des anathèmes, des perfidies de chanoines. Et aussi : de la ferveur, de l'abnégation, de la solidarité. Verlaine nous aidait à pencher du bon côté, à arracher nos mauvaises herbes. On se décrassait à l'écouter. Les parlottes de littérateurs : — Crois-tu que X... ait ses chances pour le prix Y... ? — Un tel a esquinté mon livre, tout ça parce qu'il y a cinq ans, un de mes amis avait abîmé le sien. — Pourquoi a-t-on fait sauter deux lignes dans mon papier d'avant-hier ? — *Etc.* Le régal, c'est d'entendre un chef de bande débiner ses rivaux. Moréas y excellait. Verlaine s'y refusait. La technique faisait le fond de sa conversation. Les vers de plus de treize pieds tiennent-ils debout ? On ne récite plus les poèmes, est-ce un bien ou un mal ? Nous dont les âmes ne sont pas très belles, nous aurions tant aimé qu'il égratigne la concurrence...

Vincent Heulin

Médecin

Verlaine ? Quand j'ai fait sa connaissance, Eugénie avait évincé pour de bon Philomène. On pourrait en user avec lui comme avec le Roi-Soleil, diviser sa vie par ses amours — la période Mathilde, la période Rimbaud, la période Princesse Roukhine... Eugénie a été la dernière favorite. Elle a fait impression sur tous ceux qui l'ont vue. « Elle se montrait exigeante et rapace ; et, en même temps, elle était querelleuse et bavarde (...). Mais il y avait un point sur lequel elle était intraitable : elle continuait d'empêcher le poète de voir ses amis et le séquestrait jalousement. On en eut une preuve lors de la charitable promenade de Mme Eugénie Buffet dans les cours parisiennes (...) ; le hasard de ses pérégrinations ayant amené la charmante artiste dans l'immeuble qu'il habitait, elle eut à cœur d'aller saluer le vieux poète, et grimpa lestement les quatre étages (...). Mais quelqu'un troubla la fête : Eugénie Krantz, furieuse, se précipita les ongles en avant et l'injure à la bouche vers l'inconnue qu'à son déguisement elle prit pour une envoyée d'Esther. L'artiste dut battre en retraite, chaudement poursuivie par Eugénie Krantz, pour laquelle la concierge prit fait et cause, menaçant les chanteurs d'un revolver. Une épouvantable bagarre s'ensuivit ; la foule menaçante réclamait sa chanteuse préférée ; une vitre fut brisée. Eugénie Buffet, assez grièvement blessée au bras regagna la rue, les vêtements ensanglantés. » (G. Le Rouge et F.-A. Cazals, *Les Derniers Jours de Paul Verlaine.*)

Comme la malheureuse avait le visage de son caractère, on se demandait quels envoûtements retenaient Verlaine auprès d'elle. Eugénie ne disposait pas des philtres d'Armide et n'en avait pas besoin ; son amant ressemblait peu au gentil Renaud. On se colle où ça colle, dit M. Populo qui, dans son langage incorrect, ne se trompe jamais. Il faut donner son dû à la chair, c'est la première vérité. Sinon, celle-ci se fâche, réclame et vous fait la vie impossible. Tout comme Eugénie ? Mais la colère d'Eugénie et la colère de la chair insatisfaite, ce ne sont pas les mêmes dégâts. Les noms d'oiseaux, la vaisselle que l'on pulvérise, les échanges de claques : ce marivaudage du pauvre est moins terrifiant que l'esseulement et le silence. S'enticher d'une harpie vaut mieux que dormir sur la paillasse de l'ermite, si l'on doit se réveiller fou. Verlaine avait côtoyé les Messieurs de Port-Royal, au temps de sa conversion,

Sagesse d'un Louis Racine, je t'envie...

puis il a repris sa route dans un pays de Tendre investi par la crapule. La lune blanche qui luit dans les bois ne s'y déplaçait guère et les écoliers qui avaient appris par cœur la Bonne Chanson n'étaient pas malvenus de se plaindre : on prend au sérieux les livres, à cet âge.

Avec ses recueils licencieux, même déception.

Au lycée, la pornographie avec alibi culturel, n'est-ce pas le comble du chic ? Les potaches se passaient sous le manteau *Femmes* ou *Hombres* et, à supposer que les vieilles barbes aient découvert notre manège, comment auraient-elles sévi ? Rimes féminines et rimes masculines alternaient le plus régulièrement du monde et pas un pied ne manquait à pas un alexandrin. Mais ici aussi on nous dupait : on se peignait l'auteur en satrape jamais rassasié d'orgies et on ne trouvait qu'un vieillard souvent pompette houspillé par sa « régulière ».

Ni Sardanapale, ni Tristan ; rien que Verlaine. Rien qu'un petit soldat qui n'avait pas remporté toutes ses batailles (car *très brave ne l'étant guère*). Il vous ouvrait son bissac, quel capharnaüm là-dedans ! Des vilenies, des horreurs, des abandons de poste, pour ça oui, on en avait son comptant. On continuait à fouiller et forcément, on découvrait des trésors, de cette marchandise-là non plus il n'était pas avare. Les plus tatillons devaient admettre que l'actif épongeait le passif. Injustice de la poésie : pour quelques vocables minutieusement agencés on vous remet vos dettes. M. Degas tempêtera tant qu'il voudra. Les patriotes eux-mêmes se réclameront de ce mauvais sujet et le comique de la chose, c'est que les roucouleurs chauvins, les Déroulède, les Botrel et les Richepin, ne seront pas conviés aux festins des anciens combattants. Car enfin, qui sert le mieux son pays, du mauvais poète aux mœurs irréprochables ou du grand poète délinquant ? De quoi se pendre à son drapeau...

Verlaine, dont la route fut sans joie, sans honneurs et sans fastes, pour nous avoir révélé que la vie et l'idéal ne comportent qu'un point d'intersection, qu'on appelle la poésie, soyez remercié. Et pardonnez-nous d'avoir si lentement assimilé votre leçon.

Paul Fort

Poète

Mes bons amis, je voudrais vous parler de Verlaine l'éméché. L'alcool et la littérature, cela fait bon ménage, n'est-il pas ? « Tout aux tavernes et aux filles », une des revendications de Maître François. Et le gros Saint-Amant, « qui voudrait que les abîmes / Se trouvassent dans les brocs » ? Folklore bon enfant ! Vignettes gauloises ! C'est entendu, un peu d'éthylisme ajoute au prestige du littérateur.

Tout se gâte avec ce chenapan de Verlaine : la fée verte est démasquée, il n'y avait qu'une sorcière bien repoussante, bien malveillante et très imbécile. Malheur à toi, Paul Verlaine, tu as jeté l'opprobre sur la confrérie ! Le syndicat aurait dû te rappeler à l'ordre : tu as transformé un rituel de compagnonnage en attentat aux mœurs. Tu m'as détourné de lever le coude avec les autres camarades. Un peu amateurs, un peu tricheurs, nous ne demandions qu'à vivoter gentiment entre deux hanaps de bourgogne et deux lectures de chefs-d'œuvre. Les poètes, c'est une race qui se passe volontiers de la pommade. Ta bibine et tes poèmes nous ont bien dégrisés. Toi, tu ne biaisais pas. Puisque tu avais tiré les mauvaises cartes, il t'a fallu boire ton malheur jusqu'au bout. Gentil Paul, tu as donné du scandale aux gendarmes — *comportement délictueux sur la voie publique*. Allez donc leur faire comprendre, à ces têtes à képis ! Boire est une vocation. Le jardinier, c'est de bon cœur qu'il remise ses râteaux et ses arrosoirs au jour de la retraite. Mais le poivrot, va-t-on invoquer pour lui une limite d'âge ? Est-ce qu'on renonce à la boisson ?

Est-ce qu'on renonce à la poésie ? Tu as écrit *Mort !* quelques heures avant d'y passer.

Le petit cheval dans le mauvais temps,
Qu'il avait donc du courage...

Edmond Lepelletier

Premier biographe de Verlaine

Vieilles histoires que tout cela. Vous me demandez d'agiter des fantômes. J'ai honte d'avoir écrit ce livre sur Verlaine et je regrette d'y avoir envoyé des rosseries à Mathilde. Parce que j'avais fréquenté Verlaine, je croyais détenir la vérité sur lui ; première erreur. Se monter la tête jusqu'à se persuader que la vérité a besoin d'intercesseurs, deuxième erreur. Non, mais regardez-moi tous ces baudets qui viennent de défiler, ces ânes chargés de reliques qui déposent avec componction leur petit paquet de secrets au pied du lecteur. Verlaine et la vérité sont bien assez grandes personnes pour se débrouiller sans moi.

Elisa Dehée

Mère de Verlaine

Les mères partent avant les fils, voilà l'ordre des choses, je ne m'en indigne pas. Je l'accepterais même le cœur léger, si ce n'était que de moi. Il faut avoir mené une existence de patachon pour éprouver l'envie de rempiler, quand la camarde vous fait signe de quitter la place. Nous autres petites gens ne crachons pas sur le repos, notre carcasse a trop vu le gros temps !

Seulement, il y avait Paul. Paul qui n'a jamais su par quel bout prendre les convenances, très peu homme de lettres en cela. On en voit tant de ces excellences dont l'esprit, s'il prospère, ce n'est pas aux dépens de leur portefeuille. L'oreille gauche capte la musique des sphères, l'oreille droite les cours de la Bourse. On s'est aménagé une garçonnière sur Sirius tandis qu'ici-bas la résidence principale ne manque pas de confort. Paul ne mettait pas ses talents aux services de ses intérêts. Les compliments utiles, les articles qui font du bien à celui dont on parle et aucun tort à celui qui les signe... il n'avait pas d'habileté dans ce petit genre. Un tel fils avait grand besoin que sa mère ait l'œil sur ses affaires. L'avez-vous observé ? Les enfants négligents ont souvent des mères attentives, et la vigilance des secondes prévient les dommages que pourrait entraîner l'insouciance des premiers. Ses fautes lui causaient plus de tort que son absence de ruse. Qui le savait mieux que moi ? Il dissimulait si peu ses plaies que chacun se sentait le droit, avec lui, d'enfiler la robe du procureur. Dans son dénuement, une denrée au moins ne lui aura pas fait défaut : le sermon assorti de réprimande. C'est un plaisir si goûté que d'admonester son prochain. Quel déchirement pour une mère que de voir sa progéniture livrée aux pharisiens ! Il s'était écarté de la voie étroite ? Mais il n'appartenait qu'à moi d'en connaître, non au public ni aux publicistes. Ces gens vivent du travail des mots et ils ignorent quelle puissance d'explosion ceux-ci recèlent. C'est comme si on confiait une poudrière à un garnement qui s'empresserait de la faire sauter pour l'agrément d'un joli feu d'artifice. Ah, on ne mesure pas la couleur et l'étoffe quand il y va de sa réputation de styliste ! Tarass Boulba, débris des Grandes Compagnies... tout est bon qui fait image, et peu importe les « bégueules » qui s'en trouveraient blessées. N'est-ce pas ainsi que vous appellerez ceux qui préfèrent les hommes aux livres ? Verlaine, Paul-Marie, c'est moi qui l'ai mis au monde et j'en sais plus long sur lui que pas un de ceux qui viennent d'en discourir. Les choses de l'esprit me sont étrangères ; je n'ai jamais eu d'autre lecture que mon paroissien. En faut-il davantage à une honnête femme ? Ne montrez pas du doigt mon ignorance, n'allez pas me reprocher de n'avoir rien compris au génie de mon fils. Beaucoup de cervelles mieux outillées que les miennes n'y ont pas vu plus clair. On peut consumer chandelle sur chandelle à dévorer les Anciens et les Modernes, se faire une position de critique assermenté, grand juge inamovible des affaires littéraires, et n'avoir en fin de compte guère plus de jugeote qu'une femme du peuple, et proférer des sentences dont l'ineptie fera l'effroi ou l'hilarité de nos petits-enfants. Il ne faut donc pas tant vanter le savoir, ni tant morigéner l'inculture. L'un ne préserve pas de l'erreur et envers l'autre, les poètes n'ont jamais manifesté de supériorité. Paul était un simple. Si les discussions entre confrères le trouvaient toujours passionné, sa compagnie habituelle n'excluait ni les cafetiers, ni les couturières. Le premier venu pouvait compter sur sa sympathie, pourvu qu'il l'abordât avec cette courtoisie qui touche si facilement ceux que la vie n'a pas dorlotés. Je le répète, je n'entendais rien aux conférences que tenait Paul avec ses amis. Ce n'est pas peu de chose pour une mère que de se voir privée d'accès aux domaines de son fils ; de son fils unique. Ce n'est pas peu de chose que de l'entendre parler un langage inconnu. Certes, c'était une privation que de ne pouvoir partager avec lui ce bonheur, puisqu'on me dit qu'il avait du bonheur en poésie. Paul ne m'en a jamais voulu, il n'avait pas honte de moi. Il ne ressemblait pas à ces cordonniers qui ne connaissent plus leur famille quand ils ont obtenu la main de la princesse. La connivence de la mère et du fils, explique-t-on cela ? Avec des raisons et des preuves ? Je pense bien que non. Je me suis montrée volubile, et pour dire qu'il n'y a rien à dire et tant à vivre, après tout, et mille excuses à ceux qui attendaient des détails et des confidences.

AVEC PAR ORDRE D'ARRIVÉE...

Antoine Albalat (1856-1935): s'est beaucoup intéressé aux problèmes du style (*L'Art d'écrire enseigné en 20 leçons, La Formation du style par l'assimilation des auteurs, Comment il ne faut pas écrire*...). Est passé de la théorie à la pratique dans les romans suivants : *Une fleur des tombes, L'Impossible Pardon.*

Ernest Delahaye (1853-1930): ce professeur de français est surtout connu pour avoir cultivé l'amitié des grands (*Souvenirs familiers à propos de Rimbaud, Verlaine et Germain Nouveau*).

Charles Cros (1842-1888): il avait pris parti pour Mathilde. Verlaine lui en a-t-il voulu au point de l'écarter de la galerie des *Poètes maudits,* où Cros avait sa place ? La question a été posée mais non résolue.

Paul Claudel (1868-1955): plutôt que de recenser les nombreuses pages qu'il a consacrées à notre personnage, on rappellera que le diptyque *Le Faible Verlaine/L'Irréductible,* c'est du grand Claudel.

Léon Bloy (1846-1917): comme il détestait les richards et les athées, il a aimé Verlaine, et lui si vindicatif, il n'a pas tenu rigueur au Pauvre Lélian de leur rixe, dont on sait très peu de chose.

André Suarès (1868-1948): même incertitude qu'avec Bloy. S'est-il attaché à Verlaine parce que celui-ci était un pauvre, un faible et un vaincu ? La poésie passant après ?

Stéphane Mallarmé (1842-1898): les deux poètes ont souvent commenté leur amitié. Par exemple, *A Stéphane Mallarmé* dans les *Dédicaces.*

Nicolas-Auguste Verlaine (1798-1865) : tout le monde l'a décrit comme un brave homme dont la disparition prématurée a eu des conséquences funestes pour l'adolescent Verlaine.

Albert Thibaudet (1874-1936) : ce critique plein de verve et de science est un peu tombé dans l'oubli ; c'est dommage.

Mathilde Mauté de Fleurville (1853-1914) : elle n'avait pas l'envergure intellectuelle de son époux. Mais c'était une femme généreuse et courageuse. Tous les torts pour Verlaine !

Jean Carrère (1868-1932) : il a inclus Verlaine dans son ouvrage *Les Mauvais Maîtres,* au nom de la morale.

Germain Nouveau (1851-1920) : « Tu connais Nouveau. Qui est celui-là ? » Pour le savoir, il n'y a qu'à lire : *Le Calepin du mendiant, La Doctrine de l'amour...*

Edgar Degas (1834-1917) : grand peintre et réactionnaire acharné. La strophe de Veuillot qu'il a prise pour épigraphe ne concerne nullement Verlaine.

Arthur Rimbaud (1854-1891) : trop de littérature sur l'association Verlaine-Rimbaud. Qu'on ne compte pas sur nous pour ajouter à ce pilpoul.

Eugène Descamp (1835- ?) : ce prêtre belge a beaucoup contribué à la conversion de Verlaine.

Ambroise Vollard (1865-1939) : l'ami des « Refusés » se consacrait aussi à l'édition d'art. Il a fait illustrer *Parallèlement* par Bonnard. Cf. ses *Souvenirs d'un marchand de tableaux.*

Léon-Paul Fargue (1876-1947) : il a tout dit, et de quelle manière dans ses *Portraits de famille* : « Il y avait en Verlaine du poète de grand chemin prêt à trucider les éditeurs, du mendiant traqué par la société, et du cocher congédié... »

Gustave Le Rouge (1867-1938) : *L'Amérique des dollars et du crime, le Mystérieux Docteur Cornélius, la Conspiration des milliardaires* : c'est lui. Mais sa présence ici, on la doit à son livre de souvenirs, *Verlainiens et décadents.*

Walter de la Mare (1873-1956) : à quand une traduction ?

Jean Moréas (1856-1910) : on ne lui pardonne pas d'avoir été le grand poète de sa génération, sacré, consacré et re-consacré. C'est un tort, comme le prouvent ses *Stances.*

Charles Guérin (1875-1907) : « Pauvre cœur solitaire, authentiquement grave et douloureux... » C'est ainsi qu'a parlé de lui un autre natif de Lunéville, Jacques Réda.

Alphonse Allais (1854-1905) : on lit dans les *Poèmes divers* :

Qui est beau ?
Mirbeau.
Qui est frais ?
Allais.
Qui est drôle ?
Grosclaudle.

Léon Vanier (1847-1896) : première profession du « bibliopole » Vanier : marchand d'articles de pêche. Il était également officier de réserve.

François Porché (1877-1944) : on peut encore faire son profit de son *Verlaine tel qu'il fut.* C'était un scrupuleux.

Georges Courteline (1858-1929) : nombre d'auteurs comiques auraient aimé écrire des vers sublimes, tant le rire est mal porté. Les confidences que nous avons recueillies n'ont donc rien de surprenant.

Eugène Carrière (1849-1906) : ses tableaux un peu flous ont fait dire à cette bonne langue de Degas : « C'est bien, mais le modèle a tremblé. » Variante : « On a encore fumé dans la chambre des enfants. »

Ernest Raynaud (1864-1936) : un policier poète, comme Lucien Becker. *La Mêlée symboliste* est un excellent document.

Stefan George (1868-1933) : pas assez connu en France.

Jean de la Ville de Mirmont (1886-1914) : *L'Horizon chimérique* a été mis en musique par Fauré. Il faut que le public apporte un démenti à ce poète de la solitude et de l'échec :

Vaisseaux, nous vous aurons aimés en pure perte...

Anatole France (1844-1924) : on se cache d'aimer Anatole France de nos jours. Pas nous.

André-Joseph Salis : dit Bibi-Purée. Pas de folklore avec les pauvres.

Anatole Baju (1861-1903) : il s'est beaucoup dépensé pour faire connaître Verlaine, par exemple dans sa revue le *Décadent.*

Eugène Vermersch (1845-1878) : le rédacteur du *Père Duchesne* est resté en bons termes avec Verlaine bien après l'écrasement de la Commune.

Louis Veuillot (1813-1883) : son talent lui a valu autant de sympathies que son fanatisme lui a attiré d'inimitiés. « Il n'a eu pour lui que le Pape et la grammaire » (Charles Monselet).

Frédéric-Auguste Cazals (1865-1941) : ce dessinateur a laissé de nombreuses silhouettes de Verlaine, illustré ce livre et il a rédigé avec Gustave Le Rouge *Les Derniers Jours de Paul Verlaine.*

Arthur Mugnier (1853-1944) : l'abbé Mugnier, auteur d'un fameux journal, a célébré le premier anniversaire de la mort de Verlaine à Saint-Etienne-du-Mont.

Léo Larguier (1878-1950) : « Verlaine traînait la jambe, son feutre en auréole autour de son énorme crâne cabossé, en vieux macfarlane, avec un cache-nez d'hospitalisé et un gourdin de chemineau, mais nous savions que cet homme misérable qui avait l'air d'un pauvre était riche de poésie et de musique, et que nul n'avait le droit de lui demander compte de ses erreurs humaines. » (Léo Larguier, *Au Café de l'univers*)

Vincent Heulin (1869-1926) : médecin, philanthrope et ami des écrivains. Auteur de la *Fourchette musicale,* qui traite de gastronomie, de musique et de littérature.

Paul Fort (1872-1960) : gloire à Georges Brassens qui a repris son *Convoi de Paul Verlaine après un tourbillon de neige.*

Edmond Lepelletier (1846-1913) : cet ami de Verlaine n'avait pas un caractère facile. Avant d'avoir maille à partir avec Mathilde, il avait provoqué en duel Léon Bloy – en vain. Cf. *Léon Bloy devant les cochons.*

Elisa Dehée (1809-1886) : tous les témoignages concordent, Verlaine adorait sa mère – quand il était dans son état normal.

NOTES

1. Comme M. Albalat trouve spirituel de l'appeler : il est savoureux de se voir donner des leçons de goût par cet industriel de la métaphore.

2. Séance de l'Assemblée nationale du 8 mars 1871 à Bordeaux.

3. Ce qui n'a pas empêché le susdit de décréter : « *Après Victor Hugo et moi, je ne vois pas ce qui reste à faire avec les vers.* »

4. André Suarès in *Remarques,* fascicule V, décembre 1917, N.R.F.

5. Tenté par l'Académie, Verlaine souhaitait faire ses visites dans une tenue appropriée.

6. « *Ne pourrait-on rédiger une histoire de notre littérature en négligeant les novateurs ? Ronsard serait remplacé par Ponthus de Thyard, Corneille par son frère, Racine par Campistron, Lamartine par M. de Laprade, Victor Hugo par M. Ponsard et Verlaine par M. Aicard ; ce serait plus encourageant, plus académique et peut-être plus mondain, car, en France, le génie semble toujours un peu ridicule.* » (Rémy de Gourmont, *Le Livre des masques.*)

7. Léon-Paul Fargue, *Portraits de famille.*

8. Le camarade timide de Le Cardonnel n'était autre que Germain Nouveau.

9. Ainsi Brunetière, dans la *Revue des Deux-Mondes* du 1er novembre 1888 : « *Verlaine a du talent, mais c'est un fils de Baudelaire, ce mystificateur doublé d'un maniaque obscène.* »

10. C'est de Louise Michel qu'il parle.

11. Ni Michel-Ange, ni Beethoven, ni Danton n'ont passé pour des blondins. Mais leur génie ne contredisait pas leur physionomie. La laideur s'assortit à la puissance. Absorbé par sa tâche, le démiurge n'a pas une minute pour se friser ou se pommader, et c'est la crinière en bataille et le visage exténué qu'il fait connaissance avec le public.

12. Cf. Jean Moréas, *Œuvre en prose,* librairie Valois, p. 35, et Paul Fort, *Convoi de Verlaine après un tourbillon de neige, Ballades françaises,* vol. IX, Flammarion. Ce point de météorologie a été tranché par MM. Cazals et Le Rouge : « *Étant donné la saison, on avait craint que les funérailles du poète ne fussent contrariées par le mauvais temps. Il n'en fut rien. Jamais plus radieux soleil d'hiver ne brilla dans un ciel plus pur.* » (*Les Derniers Jours de Paul Verlaine,* Paris, 1912.)

13. En écartant Verlaine du *Parnasse contemporain*, A. France avait précisé : « *Non, les vers sont les plus mauvais qui soient, et l'auteur est indigne.* »

14. Peu après le débarquement du Golfe-Juan, le comte d'Artois passait les troupes en revue à Lyon. Il s'étendait sans mesure sur les bienfaits que les Bourbons avaient répandu sur l'armée : « *La solde vous est servie régulièrement, mes amis. Ce n'est pas ainsi qu'en usait Bonaparte. N'est-ce pas, mes amis ?* » Un vétéran, furieux d'entendre rabaisser le petit tondu par ce démagogue couronné, ne put se retenir de grommeler : « *Eh, s'il nous plaisait de lui faire crédit !* »

15. On nommait ainsi le président d'une académie poétique à laquelle on soumettait ses poèmes.

1831 15 décembre : mariage de Nicolas-Auguste Verlaine avec Elisa Dehée.

1844 30 mars : naissance du fils unique Paul-Marie, à Metz.

1851 Le capitaine Verlaine donne sa démission et la famille emménage à Paris, dans le quartier des Batignolles.

1858 Le premier poème de Verlaine : *La Mort.* Il l'envoie à Victor Hugo.

1862 Obtient le baccalauréat. Il prend l'habitude de l'alcool.

1863 Se mêle aux gens de lettres. Fréquente notamment Louis-Xavier de Ricard.

1864 Employé à l'Hôtel de Ville de Paris.

1866 Publication des *Poèmes saturniens* chez Lemerre, l'éditeur des Parnassiens. Il en adresse un exemplaire à Mallarmé.

1867 16 février : mort de la cousine Elisa, une amie d'enfance.

1869 *Les Fêtes galantes.*

1870 Juin : mariage avec Mathilde Mauté de Fleurville dont il a fait la connaissance l'année précédente, grâce au demi-frère de celle-ci, le musicien Charles de Sivry.
Verlaine boit de plus en plus ; il devient violent.
4 septembre : la République est proclamée après le désastre de Sedan. Verlaine s'engage dans la Garde nationale.

1871 Mars : Verlaine adhère à la Commune.
Juillet : la Commune a été écrasée. Il est renvoyé de l'Hôtel de Ville.
Septembre : correspondance avec Rimbaud qui vient à Paris. Sous son influence, le ménage de Verlaine se détériore.

30 octobre : naissance de Georges, son fils unique.

1872 Juillet : Verlaine s'enfuit avec Rimbaud. C'est le début d'un long vagabondage qui aura pour étapes Londres et Bruxelles, entre autres. Rimbaud et Mathilde se disputent Verlaine.

1873 10 juillet : Verlaine achète un revolver et tire sur Rimbaud.

8 août : jugement du tribunal de Bruxelles : deux ans de prison et deux cents francs d'amende.

Novembre : sortie des *Romances sans paroles,* qui, de l'aveu de Verlaine, doivent beaucoup à Rimbaud.

1874 24 avril : Mathilde obtient la séparation de corps.

Verlaine revient à la foi catholique.

1875 16 janvier : Verlaine est libéré.

Dernière rencontre avec Rimbaud à Stuttgart, qui dégénère en rixe. Verlaine se rend en Angleterre, où il enseignera le français dans des collèges de province.

1877 Retour en France. Verlaine remplace Ernest Delahaye à l'institution Notre-Dame de Rethel. Parmi les élèves, Lucien Létinois, dont il voudra faire son fils spirituel.

1880 Verlaine acquiert une ferme à Juniville (Ardennes), qu'il tente d'exploiter avec Lucien.

Décembre : *Sagesse* est publié à compte d'auteur.

1882 Verlaine est obligé de vendre sa ferme.

Il reprend pied dans les milieux littéraires parisiens. Il fait la connaissance de son futur éditeur Léon Vanier.

1883 7 avril : mort de Lucien et désespoir de Verlaine.

1885 Après diverses tribulations ardennaises, le poète et sa mère, ruinés, s'installent à Paris, cour Saint-François.

1886 21 janvier : mort de sa mère.
La déchéance de Verlaine entre dans une phase décisive : liaison avec la prostituée Marie Gambier, errance d'un hôpital à l'autre. Par ailleurs, amitié avec F.-A. Cazals.

1891 Eugénie Krantz va se substituer à Philomène Boudin dans la faveur du poète. Les jeunes écrivains le saluent volontiers, mais la reconnaissance littéraire n'empêche pas Verlaine de s'enfoncer dans la misère.

1896 8 janvier : il est emporté par une congestion pulmonaire.
10 janvier : obsèques au cimetière des Batignolles.
Le dernier poème de Verlaine porte le même titre que le premier : *Mort !*

L'Écrivain Voyageur

Louis Simond
Voyage à Londres 1810-1811

Antoine Galland
De l'origine et du progrès du café

Chateaubriand, Quinet, Renan
Vu sur l'Acropole

L'Abbé Raynal
Épices & produits coloniaux

Antoine Galland
Histoire de l'esclavage d'un marchand de la ville de Cassis, à Tunis

Dumont d'Urville, Marcellus & Voutier
Enlèvement de Vénus

Edouard Fournier
Paris par ses enseignes

Joseph Addison et Richard Steele
Le Spectator

Jean Lorrain
Venise

Les Billets de la Bibliothèque

Laclos & le duc d'Orléans
La plus dangereuse des liaisons

Richelet, Furetière, Littré
Petite archéologie des dictionnaires

Les Utopies de la Bibliothèque

Pascal de Blignières
Albert Kahn, les Jardins d'une Idée

Les Portraits de la Bibliothèque

Paul Rozenberg
Joseph Conrad, l'ombre vive

Maquette de Rima Shaw

ISBN 2-909688-13-5

Cet ouvrage, composé sur Linotype,
a été achevé d'imprimer
sur les presses typographiques de la S.A.I.G.
37, rue Bronzac 94240 L'Haÿ-les-Roses

Numéro d'impression : 56
Dépôt légal : mai 1998